CW01668451

Dieses Lesezeichen gehört:

Auf einen Blick: Abkürzungen und Mengenlehre – einfach ausschneiden und umdrehen!

Lesezeichen zum Ausschneiden

Abkürzungen & Mengenlehre

Prise = Eine Prise ist genauso viel, wie zwischen Daumen und Zeigefinger passt.

Msp. = Eine Messerspitze ist so viel, wie auf die Spitze eines Besteckmessers passt.

EL = Esslöffel
TL = Teelöffel
cm = Zentimeter (1 cm = 10 mm)
mm = Millimeter
Min. = Minute
usw. = und so weiter
z. B. = zum Beispiel

g = Gramm
kg = Kilogramm (1 kg = 1000 g)

l = Liter (1000 ml = 1 Liter)
¼ l = 250 ml
½ l = 500 ml
¾ l = 750 ml
1 l = 1000 ml

Das Conni Backbuch

Die Lieblingsrezepte
von Conni, ihrer Familie und ihren Freunden

EL = Esslöffel
TL = Teelöffel
cm = Zentimeter (1 cm = 10 mm)
mm = Millimeter
Min. = Minute
usw. = und so weiter
z. B. = zum Beispiel

Prise = Eine Prise ist genauso viel, wie zwischen Daumen und Zeigefinger passt.

Msp. = Eine Messerspitze ist so viel, wie auf die Spitze eines Besteckmessers passt.

Abkürzungen & Mengenlehre

g = Gramm
kg = Kilogramm (1 kg = 1000 g)

l = Liter (1000 ml = 1 Liter)
¼ l = 250 ml
½ l = 500 ml
¾ l = 750 ml
1 l = 1000 ml

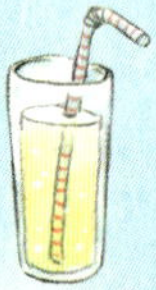

Ganz wichtig:
Hygiene ist beim Backen das A und O.

Bevor es also losgeht, immer zuerst gründlich die Hände (mit Seife!) waschen.

Inhalt

Ganz wichtig:
Alle Öfen backen unterschiedlich, deswegen am besten 10 Minuten vor dem Ende der Backzeit mal nachsehen.

Connis Lieblingszutaten

Warum kann ich Zucker nicht einfach durch Honig ersetzen und wie geht das eigentlich mit dem Schokoladeschmelzen? Conni kennt die Antworten! Denn wenn es um die wichtigsten Backzutaten geht, weiß sie schon richtig gut Bescheid.

Typensache: Mehl

Was heißt bei Mehl immer „Type" mit einer Zahl dahinter? Die Typenzahl gibt an, wie viele Milligramm Mineralstoffe 100 Gramm Mehl enthalten. Für weißes Mehl, wie du es meist für feines Gebäck brauchst, siebt der Müller das Mehl und entfernt die Randschichten der Getreidekörner. Da diese viele Mineralstoffe enthalten, nimmt deren Anteil im Mehl ab. Die Typenzahl ist deshalb umso niedriger, je mehr von den Randschichten entfernt wurde und je heller das Mehl ist. In Vollkornmehl stecken die ganzen Körner, deshalb hat es keine Typenzahl.

Eier

Eier immer einzeln in eine Tasse aufschlagen – ist mal eines verdorben, muss nicht gleich der ganze Teig weg! Um ein Ei zu trennen, schlägst du es auf einer Kante auf, brichst die Schale in Hälften und lässt das Eigelb von einer Hälfte in die andere gleiten. Das Eiweiß fängst du in einem Gefäß auf. Oder probiere mal Connis Flaschentrick (siehe Kasten rechts). Fürs Eiweißsteifschlagen muss die Schüssel sauber sein – nur etwas Eigelb oder Fett und es funktioniert nicht!

Zucker & Co.

Steht „Zucker“ in den Zutaten, ist stets weißer Haushaltszucker (Raffinadezucker) gemeint. Brauchst du Puderzucker, braunen Zucker oder ein anderes Süßungsmittel wie Honig oder Sirup, ist das genau angegeben. Ist doch egal, Hauptsache süß? Das funktioniert leider nicht immer! Denn vor allem braune Zuckersorten, Honig oder Sirup haben oft ein sehr intensives Eigenaroma, bei Honig und Sirup wirkt sich zudem die flüssige Konsistenz auf den Teig aus.

Fett

Während Margarine auch gekühlt weich und gut zu rühren ist, solltest du Butter für Rührteige vorher etwa 1 Stunde aus dem Kühlschrank nehmen. Falls ihr eine Mikrowelle habt, kannst du die Butter darin in einem Schälchen bei 250 Watt 1 bis 2 Minuten (je nach Menge) weich werden lassen. Kommt Öl in den Teig: Olivenöl passt gut zu pikanten Teigen, für Süßes solltest du ein geschmacksneutrales Öl wählen, etwa Sonnenblumenöl.

Schokolade

Für Schokostückchen im Teig kannst du Schokolade grob hacken (mit Hilfe von Mama oder Papa) oder Schokotropfen nehmen. Zum Überziehen von Gebäck eignen sich neben Schokolade auch Kuchenglasuren oder Kuvertüre. Glasuren lassen sich besonders leicht verarbeiten, meist kommen sie zum Schmelzen direkt in der Packung in heißes Wasser oder die Mikrowelle. Schokolade und Kuvertüre hingegen musst du klein brechen und im warmen Wasserbad schmelzen. Dafür gibst du in einen Topf etwa 2 cm hoch Wasser und hängst eine Metallschüssel darüber, sodass diese das Wasser nicht berührt. Dann das Wasser bei schwacher bis mittlerer Hitze erwärmen und die Schokolade unter Rühren schmelzen.

Ganz wichtig: Es darf kein Wasser an die Schokolade oder Kuvertüre kommen, da du sonst einen zähen Schokoklumpen bekommst, der nicht zu retten ist!

Ei, wie geht das denn? Fürs Eiertrennen mit dem Flaschentrick schlägst du das Ei ganz auf einen Teller, hältst eine gespülte Plastikgetränkeflasche direkt über das Eigelb und drückst die Flasche zusammen. Das Eigelb flutscht in die Flasche und du kannst es darin über ein Gefäß transportieren. Dort nimmst du den Druck weg – schwups rutscht das Eigelb heraus!

Connis Werkzeugkiste

Conni weiß genau, was sie braucht, wenn's ans Teigrühren geht. Hier verrät sie, welches Zubehör zur Grundausstattung in der Backstube gehört und worauf du beim Umgang damit achten solltest. Und nicht vergessen: nie ohne Aufsicht eines Erwachsenen backen!

Waage & Messbecher

Damit beim Backen alles klappt, ist das Abwiegen der Zutaten besonders wichtig, deshalb brauchst du eine Küchenwaage. Am besten eignet sich eine Digitalwaage, mit der sich auch prima kleine Mengen wiegen lassen. Zum Abmessen von Flüssigkeiten ist ein Messbecher nötig – einen hohen Becher, der 1 Liter fasst, kannst du auch prima zum Steifschlagen von Sahne oder Eiweiß verwenden.

Alles zum Rühren

Rührschüssel und hoher Rührbecher (beides mit abgerundetem Boden), elektrisches Handrührgerät mit Quirlen bzw. Knethaken, Teigspatel, Schneebesen und Kochlöffel gehören zur Grundausrüstung. Beim Rühren mit dem Handrührgerät immer erst langsam starten und die Geschwindigkeit steigern, bis sich die Zutaten zum Teig verbunden haben. Steht im Rezept „unterheben" oder „unterziehen", dann ist Handarbeit gefragt und du musst die Zutaten vorsichtig mit dem Teigspatel oder Schneebesen mischen.

Kleine, feine Helferlein

Das Ausrollen von Teig geht am einfachsten mit einer **Teigrolle** (Nudelholz). Wer keine hat oder wenn mehrere kleine Bäcker gleichzeitig am Werk sind: Eine Getränkeflasche aus festem Kunststoff tut es zur Not auch, evtl. für mehr Gewicht mit Leitungswasser befüllt.
Mit einem breiten, flachen **Backpinsel** kommst du beim Einfetten von Formen gut in jede Ecke, kannst den Teig vor dem Backen z. B. mit Eigelb bestreichen und fertiges Gebäck mit Zuckerguss oder Schokolade glasieren. Zum Abkühlen kommt das Gebäck am besten auf ein **Kuchengitter**, damit rundum Luft zirkulieren kann. Natürlich kannst du auch den Gitterrost aus dem Backofen nehmen, da rutschen Plätzchen jedoch oft durch.

Backbleche & Formen

Mit 2 Backblechen (am besten eines mit niedrigem und eines mit hohem Rand), 1 Kastenform (ca. 25 cm lang), 1 Springform (ca. 26 cm Durchmesser), 1 Muffinform (12 große Mulden) und einem klei-

nen Sortiment an Ausstechformen bist du gut gerüstet und kannst alles von klein bis groß backen. Zum Fetten von Blechen und Formen am besten Margarine oder weiche Butter verwenden. Vor allem für Rührteige stäubst du als zusätzliche Trennschicht noch Mehl in die Form und verteilst es durch Schütteln. Bleche und Springformböden kannst du auch mit Backpapier auslegen – damit es nicht wegrutscht, die Form evtl. an einigen Stellen leicht einfetten. Und für Muffinformen gibt es passende Papierförmchen.

Rund um den Backofen

In den Rezepten ist angegeben, bei welcher Temperatur, auf welcher Backofenschiene und wie lange du backen sollst. Da Öfen unterschiedlich lange brauchen, bis sie die Backtemperatur haben, wird vorgeheizt – der Teig kommt erst in den Ofen, wenn die Temperatur erreicht ist. Bitte immer Topfhandschuhe tragen, am besten solche, die auch die Unterarme bedecken! Damit du nicht ständig auf die Uhr sehen musst: Küchenwecker stellen!

Wenn Conni nachmittags plötzlich der Heißhunger auf eine Leckerei überkommt, kramt sie eines ihrer Ruckzuck-Rezepte hervor und legt los – denn selbst gebacken schmeckt es ihr einfach am besten!

Ganz schnell & einfach

Kinder-Cookies mit Schokolinsen

Für 8–10 Cookies:

Für den Teig:

75 g Marzipanrohmasse
120 g Weizenmehl (Type 405)
1 Msp. Natron
80 g weiche Butter
50 g Zucker
Salz
1 Ei (Größe M)
50 g kleine bunte Schokolinsen (alternativ große Schokolinsen hacken)

Für die Deko:

75 g helle oder dunkle Kuchenglasur
100 g kleine bunte Schokolinsen

Zubereitung: ca. 50 Min.
+ 12–15 Min. Backzeit
+ ca. 30 Min. Abkühlzeit

- Für den Teig Marzipanrohmasse in dünne Scheiben schneiden. Mehl mit Natron mischen. Backofen auf 200 °C (Umluft 180 °C) vorheizen. Ein Backblech mit Backpapier auslegen.

- Butter, Zucker, 1 Prise Salz und Marzipan in einer Rührschüssel mit den Quirlen des Handrührgeräts kurz auf niedrigster, dann auf höchster Stufe schaumig rühren. Ei aufschlagen und etwa 1 Minute unter die Buttermasse rühren. Mehlmischung mit einem Teigschaber unterheben. Schokolinsen untermischen.

- Teig mithilfe von zwei Esslöffeln oder einem Eisportionierer als kleine Häufchen auf das Backpapier setzen, dazwischen je etwa 3 cm Abstand lassen. Teighäufchen mit einem in Wasser getauchten Löffel zu flachen Cookies verstreichen. Blech in den Ofen auf die mittlere Schiene schieben (Topfhandschuhe!) und die Cookies 12 bis 15 Minuten goldgelb backen.

- Blech aus dem Ofen nehmen (Topfhandschuhe!) und das Backpapier mitsamt den Cookies auf ein Kuchengitter ziehen. Cookies abkühlen lassen.

- Für die Deko Kuchenglasur nach Packungsanweisung schmelzen und mit einem Teelöffel auf die Cookies streichen. Schokolinsen auf die feuchte Glasur setzen, diese fest werden lassen.

Müsli-Scones

- Backofen auf 200 °C (Umluft 180 °C) vorheizen. Ein Backblech mit Backpapier auslegen. Mehl, Backpulver, Natron, Salz und Zucker in einer Rührschüssel mischen. Ei aufschlagen, mit Buttermilch verquirlen.

- Butter mit den Fingerspitzen unter die Mehlmischung arbeiten, bis nur noch erbsengroße Stückchen vorhanden sind. Buttermilchmischung mit einer Gabel untermischen, bis sich alles zu einem Teig verbunden hat. Haferflocken und Rosinen unterheben.

- Teig auf der leicht bemehlten Arbeitsfläche zu einem etwa 2 cm hohen Fladen formen. Mit dem umgedrehten Glas etwa 12 Kreise ausstechen, dabei das Glas nicht drehen. Scones auf das Blech legen.

- Das Blech in den Ofen auf die mittlere Schiene schieben (Topfhandschuhe!) und die Scones etwa 15 Minuten goldgelb backen. Blech aus dem Ofen nehmen (Topfhandschuhe!), die Scones mit einem Pfannenwender auf ein Kuchengitter heben und lauwarm abkühlen lassen.

Für ca. 12 Stück:

275 g Weizenmehl (Type 405)
2 TL Backpulver + ½ TL Natron
¼ TL Salz
50 g brauner Zucker
1 Ei (Größe M)
100 g Buttermilch
125 g kalte Butter (in kleine Stücke geschnitten)
30 g zarte Haferflocken
50 g Rosinen

Außerdem:

Mehl für die Arbeitsfläche
1 Glas (ca. 6 cm Ø)

Zubereitung: ca. 15 Min.
+ ca. 15 Min. Backzeit

Mein Tipp: Die Scones bleiben in einer Blechdose 2 bis 3 Tage frisch. Ich esse sie gern mit Butter oder Schlagsahne und Konfitüre oder Honig.

Brownies

1. Backofen auf 180 °C (Umluft 160 °C) vorheizen. Mehl, Kakao und Backpulver in einer Schüssel mischen. Alle Zuckersorten, Salz, Eier, Öl und Sahne hinzufügen. Mit den Quirlen des Handrührgeräts verrühren.

2. Walnüsse, Mandeln und Schokotropfen unterrühren. Backblech (40 × 30 cm) mit Backpapier auslegen, Teig daraufgeben. Im Ofen auf der mittleren Schiene 25 Minuten backen. Herausnehmen, abkühlen lassen.

3. Für die Deko Schokolade klein brechen, mit dem Öl in einer Metallschüssel im warmen Wasserbad unter Rühren schmelzen (siehe Seite 5 unter „Schokolade“), dazu am besten einen Teigschaber verwenden.

4. Flüssige Schokolade in den Gefrierbeutel füllen. Den Beutel über der Schokolade durch Zusammendrehen verschließen (oder einen Verschlussclip dafür verwenden). Eine kleine Ecke abschneiden.

5. Schokolade kreuz und quer als dünne Linien auf die Brownieplatte spritzen, anschließend fest werden lassen. Platte in etwa 5 cm große Würfel schneiden, nach Belieben Dekoelemente hineinstecken.

Für ca. 48 Stück:

Für den Teig:

450 g Weizenmehl (Type 405)
40 g Kakaopulver
4 gestrichene TL Backpulver
175 g brauner Zucker + 100 g Zucker
1 Päckchen Vanillezucker
½ TL Salz + 6 Eier (Größe M)
400 ml Öl (z.B. Sonnenblumenöl)
100 g Sahne
200 g gehackte Walnüsse
100 g gehackte Mandeln
150 g Zartbitterschokotropfen

Für die Deko:

50 g weiße Schokolade
½ TL Öl (z.B. Sonnenblumenöl)
1 kleiner Gefrierbeutel

Zubereitung: ca. 30 Min.
+ ca. 25 Min. Backzeit
+ ca. 30 Min. Abkühlzeit

Nussberge mit Schokofuß

Für ca. 35 Stück:

Für die Nussberge:

70 g brauner Zucker
1 Päckchen Vanillezucker
20 g brauner Zuckerrübensirup (Rübenkraut)
30 g Butter
3 EL Sahne
20 g Weizenmehl (Type 405)
300 g geröstete Haselnusskerne

Für den Guss:

120 g Zartbitterschokolade (ca. 50% Kakaoanteil)
1 EL Öl (z.B. Sonnenblumenöl)

Zubereitung: 25 Min.
+ 10–15 Min. Backzeit
+ ca. 1½ Std. Abkühl-/Trockenzeit

- Zwei Backbleche mit Backpapier auslegen. Backofen auf 160 °C Umluft vorheizen. Zucker, Vanillezucker, Sirup, Butter und Sahne in einem Topf verrühren. Mehl daraufsieben und unterrühren. Masse unter Rühren kräftig aufkochen lassen, dann den Topf von der Herdplatte nehmen. Haselnüsse unterrühren. Nussmasse etwa 10 Minuten abkühlen lassen, dann nochmals durchrühren.

- Nussmasse mit zwei Teelöffeln als kleine Häufchen auf die Bleche setzen, dabei dazwischen je 2 bis 3 cm Abstand lassen. Bleche in den Ofen auf die untere und mittlere Schiene schieben (Topfhandschuhe!) und die Nussberge 10 bis 15 Minuten backen. Bleche herausnehmen (Topfhandschuhe!). Backpapier mit den Nussbergen auf zwei Kuchengitter ziehen. Nussberge vollständig abkühlen lassen.

- Für den Guss Schokolade in Stücke brechen und mit Öl in einer Metallschüssel im warmen Wasserbad unter Rühren schmelzen (siehe Seite 5 unter „Schokolade"). Von den Nussbergen evtl. überstehende Sirupmasse abbrechen. Dann die Nussberge mit der flachen Unterseite in den Guss tauchen, kurz abtropfen lassen und mit der Schokoseite auf Backpapier setzen. Guss trocknen lassen.

Verwöhnfrühstück für Mama und Papa

Am Mutter- oder Vatertag können Mama oder Papa mal so richtig ausschlafen, denn ums Frühstück kümmern sich Conni und ihr kleiner Bruder Jakob. Beim Backen der süßen und herzhaften Leckereien muss dann der Elternteil helfen, der an dem Tag nicht gefeiert wird ... der darf dafür dann beim nächsten Mal im Bett bleiben.

Wann gibt es was zu tun?

- **Am Tag vorher:** Zutaten einkaufen. Für die Blätterteigherzen mit Erdbeeren die Teigherzen backen (noch nicht füllen!). Tassenkuchen zubereiten und verzieren. Käse und Schinken für die Käse-Schinken-Hörnchen in Stücke schneiden und in den Kühlschrank stellen.

- **Als Erstes am Frühstücksmorgen:** Käse-Schinken-Hörnchen zubereiten und backen. Während die Hörnchen backen, die Blätterteigherzen mit Erdbeeren füllen.

- **Am Frühstücksmorgen, wenn die Leckereien fertig sind:** Tisch decken, Getränke (z. B. Kaffee oder Tee kochen) bereitstellen.

Tassenkuchen fix aus der Mikrowelle

Für 4 Stück • Zubereitung: ca. 20 Min. + ca. 30 Min. Abkühlzeit

160 g Weizenmehl (Type 405) + 120 g Zucker + 1 TL Backpulver + Salz + 4 EL Milch + 8 EL Öl + 4 Eier (Größe M) + 4 TL Zuckerguss (Fertigprodukt) + Zuckerdeko (z. B. Streusel). **Außerdem:** 4 Tassen (je 250 ml Inhalt; mikrowellenfest) + Öl für die Tassen

- Tassen mit Öl einfetten. Mehl, Zucker, Backpulver und 1 Prise Salz mischen. Milch, Öl und Eier verquirlen. Milchmischung zur Mehlmischung geben und alles gut verrühren.
- Teig in die Tassen verteilen und nacheinander in der Mikrowelle garen. Dazu jeweils auf höchster Stufe 1 Minute garen. Stäbchenprobe machen: Wenn an einem hineingestochenen Holzstäbchen kein Teig mehr kleben bleibt, ist der Kuchen fertig. Andernfalls 30 Sekunden weitergaren, erneut die Stäbchenprobe machen und bei Bedarf weitere 30 Sekunden garen. Herausnehmen (Topfhandschuhe!) und abkühlen lassen.
- Kuchen mit Zuckerguss bestreichen und mit Zuckerstreuseln und -herzen verzieren.

Mit viel Liebe serviert!

- Wenn du für die Kuchen weiße Tassen verwendest, verziere diese nach dem Abkühlen noch nach Belieben mit kleinen Aufklebern und schreibe mit Zuckerschrift „Mami" oder „Papi" darauf.
- Schönes Papier auf einen Teller legen, den Tassenkuchen daraufstellen und mit einer essbaren Blüte (z. B. Stiefmütterchen, gibt es manchmal an Marktständen oder in Gemüsegeschäften) dekorieren.

Knusprige Erdbeerherzen

Für 2 Herzen • Zubereitung: ca. 20 Min. + ca. 10 Min. Auftauzeit + 15–20 Min. Backzeit

4 Scheiben TK-Blätterteig (ca. 275 g) + 80 g Mandelblättchen + Zucker zum Bestreuen + 250 g Erdbeeren + 100 g Sahne + 2 Päckchen Vanillezucker + 100 g Mascarpone

- Teigplatten auftauen lassen. Backblech mit Backpapier auslegen. Backofen auf 200 °C vorheizen. Je 2 Teigplatten aufeinanderlegen, zu 2 Quadraten (je 20 × 20 cm) ausrollen und jeweils 1 großes Herz ausschneiden. Herzen auf das Blech legen, mit einer Gabel mehrmals einstechen, mit Wasser bepinseln. Mit Mandeln und etwas Zucker bestreuen. In den Ofen auf die mittlere Schiene schieben (Topfhandschuhe!) und 15 bis 20 Minuten backen. Auf einem Kuchengitter abkühlen lassen.

- Erdbeeren waschen, trocken tupfen, putzen und in Scheiben schneiden. Sahne mit Vanillezucker steif schlagen, unter die Mascarpone rühren. Herzen quer durchschneiden. Unterhälften mit Sahnecreme bestreichen, mit Erdbeeren belegen und Oberhälften darauflegen.

Ganz schön herzig

- Wenn du dich nicht traust, die Herzen freihändig mit einem Messer aus den Teigplatten zu schneiden: Zeichne dir zunächst ein Herz auf Karton, schneide es aus und verwende es als Schablone.

- Die Teigreste aufeinanderlegen, ausrollen, mit einem Ausstecher Herzen daraus ausstechen, mit etwas Zucker bestreuen und etwa 10 Minuten mitbacken. Mit den gefüllten Herzen auf einen Teller legen.

Käse-Schinken-Hörnchen

Für 8 Stück • Zubereitung: ca. 30 Min. + ca. 20 Min. Backzeit + ca. 15 Min. Abkühlzeit

100 g Gouda (in Scheiben) + 100 g Kochschinken (in Scheiben) + 250 g Weizenmehl (Type 550) + 3 gestrichene TL Backpulver + 125 g Magerquark + 50 ml Milch + 50 ml Öl + 1 Eiweiß (Größe M) + ½ TL Salz. **Zum Bestreichen und Bestreuen:** 1 Eigelb + 1 EL Milch + ½ EL helle Sesamsamen. **Außerdem**: Mehl für die Arbeitsfläche

- Käse und Schinken in etwa ½ cm große Stücke schneiden und diese mischen. Mehl und Backpulver in einer Schüssel mischen. Quark, Milch, Öl, Eiweiß und Salz hinzufügen und alles mit den Knethaken des Handrührgeräts etwa 1 Minute zu einem Teig verarbeiten.

- Backblech mit Backpapier auslegen. Backofen auf 180 °C (Umluft 160 °C) vorheizen. Teig auf der bemehlten Arbeitsfläche nochmals kurz durchkneten und zur Kugel formen. Teigkugel zu einem Kreis (etwa 40 cm Durchmesser) ausrollen und diesen wie eine Torte in 8 gleich große Stücke schneiden.

- Zum Bestreichen Eigelb mit Milch verquirlen. Käsemischung auf den breiten Seiten der Teigstücke verteilen. Stücke zur Spitze hin aufrollen und zu Hörnchen biegen. Hörnchen nicht zu dicht auf das Blech legen, mit Eigelbmilch bestreichen und mit Sesam bestreuen. In den Ofen auf die mittlere Schiene schieben (Topfhandschuhe!). Hörnchen etwa 20 Minuten goldbraun backen. Mit einem Pfannenwender auf ein Kuchengitter heben und lauwarm oder vollständig abkühlen lassen.

Kirsch-Strudelsäckchen

- Kirschen mindestens 30 Minuten auftauen lassen. Zwei Backbleche mit Backpapier auslegen. Butter in einem Topf bei mittlerer Hitze zerlassen, dann abkühlen, jedoch nicht wieder fest werden lassen. Backofen auf 180 °C Umluft vorheizen.

- Quark, Mandelmus, Puderzucker, Eigelb, Zitronenschale und Puddingpulver in einer Rührschüssel mit dem Schneebesen glatt verrühren. Kirschen in einem Sieb gut abtropfen lassen, dann unter die Quarkmasse heben.

- Strudelblätter nacheinander einzeln auf ein feuchtes Küchentuch legen und je einmal quer und einmal längs halbieren, sodass insgesamt 16 Teigquadrate entstehen. Teigquadrate dünn mit etwas flüssiger Butter bestreichen und mit Mandeln bestreuen, dann je 2 TL Quarkmasse mittig daraufgeben. Teigecken über der Füllung gut zusammendrücken, sodass Säckchen entstehen. Teigsäckchen auf die Bleche setzen und mit übriger Butter bestreichen.

- Bleche in den Ofen auf die untere und mittlere Schiene schieben (Topfhandschuhe!) und die Strudelsäckchen 12 bis 14 Minuten goldbraun backen. Bleche herausnehmen (Topfhandschuhe!) und Strudelsäckchen darauf etwa 30 Minuten abkühlen lassen. Dann die Säckchen auf ein Kuchengitter heben und 1 Stunde abkühlen lassen. Mit Puderzucker bestäubt servieren.

Für 16 Stück:

250 g TK-Sauerkirschen (entsteint)
60 g Butter
200 g Magerquark
75 g helles Mandelmus (aus dem Glas; z. B. aus dem Bioladen)
2 EL Puderzucker
1 Eigelb (Größe M)
1 TL abgeriebene Bio-Zitronenschale
½ EL Vanillepuddingpulver
4 Blätter Strudelteig (je 30 g; aus dem Kühlregal)
2 EL gemahlene Mandeln
Puderzucker zum Bestäuben

Zubereitung: ca. 20 Min.
+ 12–14 Min. Backzeit
+ mind. 30 Min. Auftauzeit
+ ca. 1½ Std. Abkühlzeit

Blitz-Cake-Pops

1. Zartbitterkuvertüre in Stücke brechen und in einer Metallschüssel im warmen Wasserbad unter Rühren schmelzen (siehe Seite 5 unter „Schokolade“). Konfitüre in einem kleinen Topf erwärmen.

2. Gebäckreste in einer Schüssel fein zerbröseln. Frischkäse, Kuvertüre und Konfitüre dazugeben. Alles mit den Quirlen des Handrührgeräts gleichmäßig verrühren. Nach Belieben ein Gewürz untermischen.

3. Masse etwa 15 Minuten kühl stellen. Dann je 1 gehäuften TL Cake-Pop-Masse abnehmen und mit den Händen (Einweghandschuhe!) zu Kugeln von etwa 4 cm Durchmesser formen.

4. Für die Garnitur Zuckerstreusel, Streudekor oder Raspelschokolade jeweils separat in ein Schälchen geben. Die Kugeln jeweils in einer Garnitur wälzen, sodass sie rundum davon überzogen sind.

5. Die Kugeln auf einen Teller setzen und die Lollistiele vorsichtig etwa 2 cm tief hineinstecken. Die Blitz-Cake-Pops im Kühlschrank mindestens 1 Stunde fest werden lassen.

6. Die Blitz-Cake-Pops vor dem Servieren falls nötig mit einem spitzen Messer vom Teller lösen. Dann zum Servieren die Stiele zu etwa zwei Dritteln in das mit Zucker gefüllte Glas stecken.

Zutaten für 8–10 Stück:

Für die Cake-Pop-Masse:

60 g Zartbitterkuvertüre
30 g Konfitüre (z.B. Kirsch- oder Aprikosenkonfitüre)
150 g süße Gebäckreste (z.B. von ungefülltem Rühr-, Biskuit- oder Knetteiggebäck, Tortenböden)
30 g Doppelrahmfrischkäse
ca. 1 TL Gewürz (nach Belieben; z.B. Lebkuchengewürz, geriebene Orangenschale oder Vanillepulver)

Für die Garnitur:

je ca. 40 g bunte Zuckerstreusel, Streudekor oder Raspelschokolade

Außerdem:

8–10 Lollistiele
1 großes, mit Zucker gefülltes Glas (oder einen Pappbecher; zum Servieren der Cake-Pops)

Zubereitung: ca. 20 Min.
+ ca. 1¼ Std. Kühlzeit

Trauben-Cupcakes

- Für die Böden Butter zerlassen und etwas abkühlen lassen. Kekse in einen Gefrierbeutel geben, Beutel fest verschließen. Mit einer Teigrolle so lange über die Kekse rollen, bis diese fein zerbröselt sind. Keksbrösel in einer Rührschüssel mit der Butter mischen.

- In jede Mulde der Muffinform ein Papierförmchen setzen. Bröselmasse in die Förmchen verteilen, jeweils zu einem Boden andrücken, dabei einen kleinen Rand formen. Mindestens 1 Stunde kühl stellen.

- Inzwischen für die Füllung Weintrauben waschen, trocken tupfen, von den Stielen zupfen und in Scheiben schneiden. Sahne mit 1 Päckchen Sahnefestiger steif schlagen. Quark mit Zucker und dem übrigen Päckchen Sahnefestiger glatt verrühren. Sahne mit einem Schneebesen unterziehen. Zwei Drittel der Traubenscheiben unterheben.

- Papierförmchen mit den Bröselböden aus der Muffinform heben und auf eine Platte setzen. Quarkmasse in die Böden verteilen, mit übrigen Traubenscheiben belegen, mit Honig beträufeln und mit Pistazien bestreuen. Sofort servieren.

Tipp: Für das Rezept sollten die Förmchen aus stabilem Papier sein, besonders geeignet sind fettabweisend beschichtete. Hübsch sehen die Cupcakes auch aus, wenn du sie vor dem Servieren zusätzlich noch in Muffin-Tulpenformen aus Papier setzt. Diese bekommst du zum Beispiel in größeren Supermärkten oder beim Backzubehör in Kaufhäusern.

Für 12 Stück:

Für die Böden:

150 g Butter
200 g Butterkekse

Für die Füllung:

300 g kernlose blaue Weintrauben
200 g Sahne
2 Päckchen Sahnefestiger
500 g Magerquark
2 EL Zucker
ca. 4 TL flüssiger Honig
ca. 4 TL gehackte Pistazien

Außerdem:

12er-Muffinform
12 Papierbackförmchen

Zubereitung: 25 Min.
+ mind. 1 Std. Kühlzeit

Puddingkuchen

Für 1 Kuchen (20 Stücke):

Für den Quark-Öl-Teig:

300 g Weizenmehl (Type 405)
3 gestrichene TL Backpulver
125 g Speisequark
100 ml Milch
100 ml neutrales Öl
Salz + 80 g Zucker
1 Päckchen Vanillezucker

Für den Belag:

100 g Marzipanrohmasse
150 g Crème fraîche
150 g Sahne + 200 ml Milch
2 Päckchen backfeste Puddingcreme (siehe Tipp)
230 g Rote TK-Johannisbeeren

Außerdem:

Fett für das Blech

Zubereitung: ca. 25 Min.
+ ca. 30 Min. Backzeit
+ ca. 15 Min. Abkühlzeit

- Ein Backblech (40 × 30 cm) einfetten. Backofen auf 180 °C (Umluft 160 °C) vorheizen. Für den Teig Mehl mit Backpulver in einer Rührschüssel mischen. Quark, Milch, Öl, 1 Prise Salz, Zucker und Vanillezucker hinzufügen. Alles mit den Knethaken des Handrührgeräts kurz auf niedrigster, dann auf höchster Stufe etwa 1 Minute zu einem Teig verarbeiten. Teig auf dem Blech gleichmäßig dick ausrollen, dabei rundum einen etwa 1 cm hohen Rand bilden.

- Für den Belag Marzipan in kleine Stücke schneiden und in einen Rührbecher geben. Crème fraîche hinzugeben und alles mit den Quirlen des Handrührgeräts auf höchster Stufe glatt rühren. Sahne und Milch unterrühren. Backfeste Puddingcreme nach Packungsanweisung unterrühren.

- Puddingmasse gleichmäßig auf dem Teigboden glatt streichen und die gefrorenen Johannisbeeren daraufstreuen. Blech in den Ofen auf die mittlere Schiene schieben (Topfhandschuhe!). Den Kuchen etwa 30 Minuten backen. Blech aus dem Ofen nehmen (Topfhandschuhe!) und auf ein Kuchengitter stellen. Kuchen abkühlen lassen, am besten schmeckt er noch leicht warm.

Tipp: Statt der backfesten Puddingcreme kannst du auch Vanillepuddingpulver (zum Kochen) unter die Crème-fraîche-Masse rühren. Da diese Masse flüssig ist: vorsichtig auf dem Teig verteilen und das Blech gerade halten, wenn du es in den Ofen schiebst!

Topfbrot ohne Kneten

Für 1 Brot (ca. 18 Scheiben):
500 g Dinkelmehl (Type 630)
2 gestrichene TL Trockenhefe
2 EL Weißweinessig
1 ½ gestrichene TL Salz

Außerdem:
1 flacher ofenfester Topf mit Deckel (ca. 24 cm Ø)
rund zugeschnittenes Backpapier (in Größe des Topfbodens, also ca. 24 cm Ø)

Zubereitung: ca. 15 Min.
+ ca. 15 Std. Teiggehzeit
+ ca. 55 Min. Backzeit
+ ca. 1 ½ Std. Abkühlzeit

- Mehl mit Hefe in einer Rührschüssel mischen. 325 ml lauwarmes Wasser, Essig und Salz hinzufügen. Zutaten mit einem Kochlöffel zu einem glatten, weichen Teig verrühren. Teig mit Frischhaltefolie abdecken und an einem kühlen Ort (z. B. ungeheizter Raum; nicht im Kühlschrank!) etwa 15 Stunden gehen lassen.

- Ein Ofengitter in den Backofen auf eine der Schienen im unteren Drittel schieben. Ofen auf 240 °C (Umluft 220 °C) vorheizen. Topfboden mit dem ausgeschnittenen Backpapier auslegen. Teig nochmals durchrühren, in den Topf füllen und verstreichen. Deckel auflegen.

- Den Topf auf das Ofengitter stellen (Topfhandschuhe!) und das Brot etwa 40 Minuten backen. Ofentemperatur auf 200 °C (Umluft 180 °C) herunterschalten. Topfdeckel entfernen (Achtung: Die Backofentür sehr vorsichtig aufmachen, der Ofen ist jetzt sehr heiß) und das Brot etwa 15 Minuten goldbraun fertigbacken.

- Topf aus dem Ofen nehmen (Topfhandschuhe!) und auf ein Kuchengitter stellen. Etwa 10 Minuten abkühlen lassen, dann das Brot auf das Kuchengitter stürzen und das Backpapier abziehen. Das Brot umdrehen und vollständig abkühlen lassen.

Lust auf etwas Süßes auf die Hand? Hat Conni auch oft! Dann gibt es bei ihr Cake Pops, Muffins oder Cookies – frisch gebacken und mit extraviel Liebe verziert.

Klein & fein

Blätterteigrosen mit Apfelfüllung

Für 6 Stück:

1 Packung frischer Blätterteig (ca. 275 g, aus dem Kühlregal)
ca. 6 TL Quittengelee (oder Aprikosenkonfitüre)
2 TL Zucker
1 TL Zimtpulver
2 kleine säuerliche Äpfel (ca. 250 g, mit roter Schale)

Außerdem:

6er-Muffinform
6 Papierbackförmchen
Puderzucker zum Bestäuben

Zubereitung: ca. 25 Min.
+ ca. 30 Min. Backzeit
+ ca. 1 Std. Abkühlzeit

- In jede Mulde der Muffinform ein Papierförmchen setzen. Ein Ofengitter auf die mittlere Schiene in den Backofen schieben und diesen auf 200 °C (Umluft 180 °C) vorheizen.

- Blätterteig in 6 lange, etwa 4 cm breite Streifen schneiden. Jeden Streifen dünn mit etwa 1 TL Quittengelee bestreichen. Zucker mit Zimt mischen und die Teigstreifen gleichmäßig damit bestreuen.

- Äpfel waschen, trocken reiben und halbieren, Kerngehäuse herausschneiden. Hälften mit einem Gemüsehobel in sehr dünne Spalten schneiden – das ist wichtig, denn nur so lassen sie sich gut aufrollen!

- Apfelspalten längs oder quer leicht überlappend auf die Teigstreifen legen, sodass sie oben etwa 1 cm hoch über den Teig ragen und unten etwa 1 cm Teigrand frei bleibt. Teigstreifen an der Unterkante je etwa 1 cm breit hochklappen, dann von einer schmalen Seite her aufrollen. In die Förmchen setzen.

- Form auf das Ofengitter stellen (Topfhandschuhe!). Rosen 20 Minuten backen, dann mit Backpapier abdecken und etwa 10 Minuten fertig backen. Aus dem Ofen nehmen (Topfhandschuhe!), Rosen mit Papierförmchen auf ein Kuchengitter heben und abkühlen lassen. Mit Puderzucker bestäuben.

Nussecken

Für etwa 30 Stück:

Für den Knetteig:

225 g Weizenmehl (Type 405)
1 gestrichener TL Backpulver
100 g Zucker
1 Päckchen Vanillezucker
1 Ei (Größe M)
100 g weiche Butter

Für Belag und Guss:

150 g Butter + 150 g Zucker
100 g gemahlene Haselnüsse
200 g gehobelte Haselnüsse
3 EL Aprikosenkonfitüre
100 g dunkle Kuchenglasur (oder Schokolade)

Außerdem:

Mehl für die Arbeitsfläche

Zubereitung: ca. 1 Std.
+ ca. 1 Std. Kühlzeit
+ ca. 25 Min. Backzeit
+ ca. 1½ Std. Abkühlzeit

1. Mehl mit Backpulver auf der Arbeitsfläche mischen. Zucker, Vanillezucker, Ei, 1 EL kaltes Wasser und Butter daraufgeben. Alles mit den Händen glatt verkneten. Teig in Frischhaltefolie ca. 1 Stunde kühl stellen.

2. Für den Belag Butter und Zucker mit 3 EL Wasser in einem Topf bei schwacher Hitze erwärmen, bis die Butter geschmolzen ist. Nüsse unterrühren. Vom Herd nehmen, 10 Minuten abkühlen lassen.

3. Backofen auf 180 °C (Umluft 160 °C) vorheizen. Backblech (40 × 30 cm) mit Backpapier auslegen und Teig darauf ausrollen, dafür evtl. mit wenig Mehl bestäuben. Konfitüre auf dem Teig verstreichen.

4. Nussmasse darauf verstreichen. In den Ofen auf die mittlere Schiene schieben (Topfhandschuhe!) und etwa 25 Minuten backen. Herausnehmen (Topfhandschuhe!) und 20 Minuten abkühlen lassen.

5. Die Nusseckenplatte mit einem großen Messer in 8 × 8 cm große Quadrate schneiden (Erwachsene!). Anschließend die Quadrate jeweils diagonal halbieren, sodass Dreiecke entstehen.

6. Für den Guss die Kuchenglasur nach Packungsanweisung schmelzen. Nussecken mit den spitzen Ecken hineintauchen, kurz abtropfen lassen, dann auf Backpapier legen und den Guss fest werden lassen.

Gefüllte Hörnchen

1. Für den Teig Mehl, Hefe, Salz, Honig, Butter und 175 ml lauwarmes Wasser etwa 5 Minuten glatt verkneten. Teig zugedeckt an einem warmen Ort etwa 20 Minuten gehen lassen, bis er deutlich größer ist.

2. Teig auf der leicht bemehlten Arbeitsfläche nochmals kurz durchkneten. Zur Kugel formen und diese zu einem Kreis von etwa 50 cm Durchmesser ausrollen. Kreis wie eine Torte in 12 Stücke schneiden.

3. Für die Füllung Schokolade in 6 Streifen schneiden. Marzipan und Eiweiß in einer Schüssel gut verrühren. 6 Teigstücke mit je 1 Schokoladenstreifen, 6 Teigstücke mit je 1 gehäuften TL Marzipan belegen.

4. Von der breiten Seite her zu Hörnchen aufrollen. Backblech mit Backpapier auslegen. Hörnchen darauflegen und zugedeckt etwa 15 Minuten gehen lassen, bis sie sich deutlich vergrößert haben.

5. Backofen auf 200 °C (Umluft 180 °C) vorheizen. Hörnchen mit Eigelbmilch bestreichen. Im Ofen auf der mittleren Schiene etwa 25 Minuten backen. Auf einem Kuchengitter abkühlen lassen.

Für 12 Stück:

Für den Hefeteig:

375 g Weizenmehl (Type 405)
1 Päckchen Trockenhefe
1 Prise Salz
1 EL flüssiger Honig
70 g sehr weiche Butter (oder Margarine)

Für die Füllung:

70 g Bitterschokolade (ca. 60 % Kakaoanteil)
100 g Marzipanrohmasse (in kleine Stücke geschnitten)
1 Eiweiß (Größe M)

Außerdem:

Mehl für die Arbeitsfläche
1 Eigelb (Größe M) + 1 EL Milch (beides zusammen in einer Tasse verquirlt)

Zubereitung: ca. 45 Min.
+ ca. 35 Min. Teiggehzeit
+ 25 Min. Backzeit
+ ca. 1 Std. Abkühlzeit

Waffelbäckerei

Für Conni ist das überhaupt keine Frage: Am meisten Spaß macht das Backen von Waffeln zusammen mit anderen Kindern. Der ideale Zeitpunkt? Am besten ein kühler, regnerischer Nachmittag, den man am liebsten im Warmen verbringt. Der vergeht dann beim Waffelschmausen mit zwei verschiedenen Waffelteigen und allerlei Extras zum Dazuessen im Nu!

Wann gibt es was zu tun?

- **Am Tag vorher:** nachsehen, welche Zutaten zu Hause sind, und Fehlendes einkaufen – dabei auch an ein paar Extras zum Dazuservieren denken. Wer Kirschsoße zu den Waffeln mag, kann diese zubereiten und nach dem Abkühlen zugedeckt kühl stellen.

- **Am Tag der Waffelbäckerei:** am besten gemeinsam mit den Gästen die Waffelteige zubereiten. Teller oder Servietten, Puderzucker zum Bestäuben, Kirschsoße und Extras nach Belieben bereitstellen. Losbacken und aufessen!

Vollkorn-Apfelwaffeln

Für ca. 8 Stück • Zubereitung: ca. 40 Min.

40 g Butter + 175 g Weizenvollkornmehl + 75 g Weizenmehl (Type 405) + 1 EL Backpulver + 2 EL Zucker + Salz + 1 Apfel + 3 Eier (Größe M) + 250 g Naturjoghurt + ¼ l Milch + 60 g gehackte Walnüsse. **Außerdem**: Butter für das Waffeleisen

- Butter in einem kleinen Topf bei mittlerer Hitze zerlassen. Beide Mehlsorten mit Backpulver, Zucker und 1 Prise Salz in einer Schüssel mischen. Apfel waschen, vierteln und schälen, Kerngehäuse entfernen. Die Apfelviertel auf der Küchenreibe grob raspeln. Die Apfelraspel mit der Mehlmischung vermengen.

- Eier trennen. Eiweiße zu steifem Schnee schlagen. Eigelbe in einer Schüssel mit Joghurt, Milch und zerlassener Butter glatt rühren. Die flüssige Mischung zur Mehlmischung geben und alles nur so lange verrühren, bis sich die Zutaten gut verbunden haben. Walnüsse unterrühren. Zum Schluss den Eischnee unterheben.

- Ein Waffeleisen erhitzen und evtl. leicht fetten, dazu die Herstellerangabe beachten. Aus dem Teig nacheinander etwa 8 Waffeln backen: pro Waffel 2 bis 3 EL Teig in das Waffeleisen geben und etwas verstreichen. Waffeleisen verschließen und die Waffel goldbraun backen. Fertige Waffeln auf einem Kuchengitter etwas abkühlen lassen.

Extra als i-Tüpfelchen

- Die Waffeln schmecken schon pur super, doch wer mag, serviert noch ein kleines Extra dazu: Gut passen Puderzucker, Ahornsirup, Apfelmus, Vanillejoghurt, Obstsalat oder Schlagsahne.

Waffeln pur

Für ca. 8 Stück:

175 g weiche Butter
150 g Zucker
Salz
4 Eier (Größe M)
200 g Weizenmehl (Type 405)
1 Päckchen Vanillepuddingpulver
1 TL Backpulver

Außerdem:

Butter für das Waffeleisen
ca. 1 EL Puderzucker

Zubereitung: ca. 40 Min.

- Für den Teig die Butter in einer Schüssel mit den Quirlen des Handrührgeräts auf höchster Stufe geschmeidig rühren. Nach und nach Zucker und 1 Prise Salz hinzufügen und weiterrühren, bis sich alle Zutaten gut verbunden haben.

- Eier nacheinander aufschlagen und jeweils etwa ½ Minute unterrühren. Mehl mit Puddingpulver und Backpulver mischen. Die Mehlmischung in zwei Portionen auf mittlerer Stufe jeweils nur kurz unter die Buttermasse rühren.

- Ein Waffeleisen erhitzen und evtl. leicht fetten (Bild links), dazu die Herstellerangabe beachten. Aus dem Teig nacheinander etwa 8 Waffeln backen: dafür pro Waffel 2 bis 3 EL Teig in das Waffeleisen geben und etwas verstreichen (Bild auf Seite 43 links oben). Das Waffeleisen verschließen und die Waffel darin goldbraun backen.

• Fertige Waffeln vorsichtig mit einer Gabel aus dem Waffeleisen nehmen (Bild oben Mitte) und nebeneinander auf ein Kuchengitter legen (Bild oben rechts). Waffeln mit Puderzucker bestäuben und lauwarm servieren.

Mit Mandeln: Für Mandelwaffeln 75 g Mandelblättchen in einer Pfanne bei schwacher Hitze leicht rösten, dann auf einem Teller abkühlen lassen. Teig wie im Rezept links beschrieben zubereiten und die Mandeln unterrühren. Waffeln backen.

Mit Kirschsoße – wie in Belgien

Wer schon einmal in Belgien war, weiß vielleicht: Kirschsoße und Schlagsahne sind dort ganz typische Begleiter zu knusprigen Waffeln. Aber auch rote Grütze (aus dem Kühlregal) passt!

• Für Kirschsoße 1 großes Glas Sauerkirschen (ca. 720 ml Inhalt; entsteint) in einen Topf geben. 1 Päckchen Vanillepuddingpulver mit etwa 4 EL vom Kirschsaft aus dem Topf glatt rühren.

• Kirschen im Topf zum Kochen bringen. Puddingpulvermischung unter Rühren dazugeben. Soße nochmals kurz aufkochen und andicken lassen. Vom Herd nehmen und abkühlen lassen.

Schokobits-Muffins

- Für den Teig Butter in einem Topf bei mittlerer Hitze zerlassen, dann etwas abkühlen lassen. In jede Mulde der Muffinform ein Papierförmchen setzen. Backofen auf 180 °C (Umluft 160 °C) vorheizen.

- Mehl, Backpulver, Zucker und Vanillezucker in einer Rührschüssel mischen. Eier nacheinander aufschlagen und jeweils gut mit dem Schneebesen unter die flüssige Butter rühren.

- Buttermischung zur Mehlmischung geben und alles mit dem Schneebesen glatt verrühren. Zwei Drittel der Schokotropfen unter den Teig ziehen.

- Teig mit einem Löffel gleichmäßig in die Förmchen füllen. Übrige Schokotropfen daraufstreuen. Blech in den Ofen auf die mittlere Schiene stellen (Topfhandschuhe!) und die Muffins etwa 25 Minuten backen.

- Form aus dem Ofen nehmen (Topfhandschuhe!) und auf ein Kuchengitter stellen. Muffins 5 Minuten abkühlen lassen, dann aus der Form heben und auf dem Kuchengitter vollständig abkühlen lassen.

Für 12 Stück:

250 g Butter (oder Margarine)
220 g Weizenmehl (Type 405)
2 gestrichene TL Backpulver
80 g Zucker
1 Päckchen Vanillezucker
3 Eier (Größe M)
100 g Zartbitterschokotropfen (oder klein gehackte Bitterschokolade)

Außerdem:

12er-Muffinform
12 Papierbackförmchen

Zubereitung: ca. 25 Min.
+ ca. 25 Min. Backzeit
+ ca. 1 Std. Abkühlzeit

Tipp: Mit kleinen bunten Schokolinsen statt Schokolade gibt's schön bunte Muffins!

Mandelmuffins mit Limette

Zutaten für 8 Stück:

100 g weiche Butter
50 g Zucker
1 Vanilleschote
4 Eier (Größe M)
100 g Weizenmehl (Type 405)
1 Msp. Backpulver
40 g blanchierte, gemahlene Mandeln
2 EL Limettensaft

Außerdem:

12er-Muffinform
8 Papierbackförmchen

Zubereitung: 10 Min.
+ ca. 25 Min. Backzeit
+ ca. 1 Std. Abkühlzeit

• Backofen auf 180 °C (Umluft 160 °C) vorheizen. In acht Mulden der Muffinform je ein Papierförmchen setzen. Butter und Zucker in eine Rührschüssel geben. Vanilleschote mit einem spitzen Messer längs aufschneiden, das Mark in die Schüssel kratzen.

• Zutaten in der Schüssel mit den Quirlen des Handrührgeräts auf höchster Stufe schaumig schlagen. Eier nacheinander aufschlagen und jeweils gut unterrühren. Mehl, Backpulver und Mandeln mischen. Mit Limettensaft auf niedrigster Stufe nur so lange unterrühren, bis sich alles gut verbunden hat.

• Teig mit einem Löffel gleichmäßig in die Förmchen füllen. In den Ofen auf die mittlere Schiene schieben (Topfhandschuhe!) und etwa 25 Minuten backen. Form aus dem Ofen nehmen (Topfhandschuhe!) und die Muffins darin 5 Minuten abkühlen lassen, dann herausheben und auf einem Kuchengitter vollständig abkühlen lassen.

Festlich rausgeputzt: Mit aufgespritzter Schlagsahne (oder als Topping 8 EL Doppelrahmfrischkäse mit 2 EL Puderzucker und 1 EL Limettensaft cremig rühren) werden aus den Muffins im Handumdrehen festliche Cupcakes. Für den letzten Schliff streut Conni noch abgeriebene Bio-Limettenschale darauf.

Milchreiskuchen im Glas

- Gläser am Boden jeweils leicht einfetten. Für den Teig Zitrone heiß waschen und trocken reiben, Schale abreiben. Zitrone halbieren und Saft auspressen.

- Mehl mit Zucker, 1 Prise Salz und der Hälfte der Zitronenschale in eine Rührschüssel geben. Butter in kleinen Stücken darauf verteilen und alles mit den Quirlen des Handrührgeräts auf niedrigster Stufe zu Krümeln verarbeiten. Krümel gleichmäßig in die Gläser verteilen und leicht andrücken.

- Für den Belag Äpfel schälen und vierteln, die Kerngehäuse herausschneiden. Apfelviertel in kleine Würfel schneiden und mit 1 EL des Zitronensafts beträufeln. Backofen auf 200 °C (Umluft 180 °C) vorheizen.

- Eier aufschlagen und in einer Rührschüssel mit den Quirlen des Handrührgeräts schaumig rühren. Milchreis, Zimt, Stärke und restliche Zitronenschale unterrühren. Äpfel und Korinthen unterheben. Masse auf den Teig in die Gläser füllen und glatt streichen. Butter in Flöckchen darauf verteilen.

- Milchreiskuchen auf einem Backblech in den Ofen auf die mittlere Schiene schieben (Topfhandschuhe!) und 20 bis 25 Minuten backen. Herausnehmen (Topfhandschuhe!) und abkühlen lassen.

Zum Dazulöffeln: Richte jedes Kuchenglas zusammen mit einem kleinen Töpfchen Vanillesoße oder -pudding auf einem hübschen Teller an. Vanillesoße oder -pudding gibt es als Fertigprodukte.

Für 8 Stück:

Für den Teig:

1 Bio-Zitrone
120 g Weizenmehl (Type 405)
50 g Zucker + Salz
80 g Butter

Für den Belag:

2 Äpfel (ca. 300 g)
2 Eier (Größe M)
250 g Milchreis (Fertigprodukt aus dem Kühlregal)
je ½ TL Zimtpulver
20 g Speisestärke
40 g Korinthen + 30 g Butter

Außerdem:

8 Einmachgläser (je ca. 250 ml Inhalt) + Fett für die Gläser

Zubereitung: 30 Min.
+ 20–25 Min. Backzeit
+ ca. 1 Std. Abkühlzeit

Spaghetti-Törtchen

Für 5 Stück:

Für die Bröselböden:

75 g Butter
150 g Amarettini (ital. Mandelmakronen; oder Löffelbiskuits)

Für den Belag:

400 g Erdbeeren
1 Päckchen Tortenguss mit Erdbeergeschmack (oder roter Tortenguss)
100 g Zucker
200 g Sahne
2 Päckchen Sahnefestiger
250 g Ricotta (ital. Frischkäse)
1 Päckchen geriebene Zitronenschale

Außerdem:

1 Dessertring (ca. 9 cm Ø)

Zubereitung: ca. 40 Min.
+ ca. 1 Std. Kühlzeit

- Für die Böden Butter zerlassen und etwas abkühlen lassen. Amarettini in einen Gefrierbeutel geben, Beutel verschließen. Mit einer Teigrolle so lange über die Kekse rollen, bis diese fein zerbröselt sind. Keksbrösel in einer Rührschüssel mit der Butter mischen.

- Aus der Bröselmasse nacheinander 5 Törtchenböden herstellen. Dazu den Dessertring auf eine mit Backpapier belegte Tortenplatte stellen. 2 EL Bröselmasse darin verteilen und mit dem Löffelrücken gut andrücken, dann den Ring nach oben abziehen. Törtchenböden kühl stellen, bis der Belag fertig ist.

- Für den Belag Erdbeeren waschen und Kelchblätter entfernen. 150 g Beeren mit dem Stabmixer fein pürieren (Erwachsene!). Aus Tortengusspulver, 150 ml Wasser und 50 g Zucker einen Guss nach Packungsanweisung zubereiten. Erdbeerpüree unterrühren und die Masse abkühlen lassen.

- Sahne mit 1 Päckchen Sahnefestiger steif schlagen. Ricotta, Zitronenschale, übrigen Sahnefestiger und restlichen Zucker (50 g) in einer Schüssel verrühren. Sahne unterheben. Auf jedem Bröselboden je 2 EL Erdbeermasse verstreichen. Restliche Erdbeeren halbieren und auf den Törtchen verteilen.

- Creme in einen Gefrierbeutel füllen. Eine kleine Beutelecke abschneiden und die Creme wie Spaghetti auf die Erdbeeren spritzen. Übrige Erdbeermasse mit einem zweiten Gefrierbeutel als Deko aufspritzen. Törtchen etwa 1 Stunde kühl stellen.

Mein Tipp: Die Cookies kannst du etwa 5 Tage aufheben. Packe sie dazu in eine luftdicht schließende Dose.

Nusscookies mit Banane

Für 8–9 Stück:
75 g Walnusskernhälften
50 g Bananenchips
75 g Bananenfruchtfleisch (von ca. 1 kleinen Banane)
2 EL Ahornsirup (oder flüssiger Honig)
100 g Weizenmehl (Type 405)
2 Msp. Natron
75 g weiche Butter
75 g brauner Zucker
Salz
1 Ei (Größe M)

Für die Deko:
8–9 Walnusskernhälften
8–9 Bananenchips

Zubereitung: ca. 20 Min.
\+ ca. 15 Min. Backzeit
\+ ca. 1 Std. Abkühlzeit

- Walnüsse und Bananenchips grob hacken. Bananenfruchtfleisch in kleine Stücke schneiden und mit Ahornsirup vermengen. Mehl mit Natron mischen. Ein Backblech mit Backpapier auslegen. Backofen auf 200 °C (Umluft 180 °C) vorheizen.

- Butter, Zucker und 1 Prise Salz in einer Rührschüssel mit den Quirlen des Handrührgeräts kurz auf niedrigster, dann auf höchster Stufe schaumig schlagen. Ei aufschlagen und etwa 1 Minute unter die Buttermasse rühren. Mehlmischung mit einem Teigschaber unterheben. Gehackte Nüsse und Bananenchips sowie Bananen-Ahornsirup-Mischung unterheben.

- Aus dem Teig mit zwei Esslöffeln oder einem Eisportionierer 8 bis 9 runde Häufchen auf ein Backblech setzen, dabei zwischen den Häufchen je etwa 4 cm Abstand lassen. Teighäufchen mit einem in Wasser getauchten Löffel zu flachen Cookies verstreichen. Für die Deko auf jeden Cookie 1 Walnusskernhälfte und 1 Bananenchip setzen.

- Cookies in den Ofen auf die mittlere Schiene schieben (Topfhandschuhe!) und etwa 15 Minuten backen. Blech aus dem Ofen nehmen (Topfhandschuhe!). Cookies mit dem Backpapier auf ein Kuchengitter ziehen und abkühlen lassen.

Conni findet: Hin und wieder muss man sich einfach ein Stück vom Kuchen abschneiden! Und wenn der so gut schmeckt wie Kirsch-streusel oder Schokoladentorte, am liebsten gleich ein richtig großes ...

Großer Kuchenhunger

Versunkener Apfelkuchen

Für 1 Kuchen (12 Stücke):
200 g Weizenmehl
(Type 405)
2 gestrichene TL Backpulver
125 g weiche Butter
100 g Zucker
1 Päckchen Vanillezucker
Salz
1 TL abgeriebene
Bio-Zitronenschale
3 Eier (Größe M)
1 EL Milch
5–6 säuerliche Äpfel
(ca. 750 g, z. B. Boskop)
2 EL Aprikosenkonfitüre

Außerdem:
Springform (26 cm Ø)
Fett für die Form

Zubereitung: ca. 40 Min.
+ ca. 40 Min. Backzeit
+ ca. 2 Std. Abkühlzeit

- Springformboden einfetten. Ein Backofengitter auf die zweite Schiene von unten in den Backofen schieben. Ofen auf 180 °C (Umluft 160 °C) vorheizen. Mehl mit Backpulver mischen.

- Butter in einer Rührschüssel mit den Quirlen des Handrührgeräts auf höchster Stufe geschmeidig rühren. Nach und nach Zucker, Vanillezucker, 1 Prise Salz und Zitronenschale unterrühren. Eier nacheinander aufschlagen und jeweils etwa ½ Minute unter die Buttermasse rühren. Die Hälfte der Mehlmischung kurz auf mittlerer Stufe unterrühren, dann übriges Mehl mit der Milch auf mittlerer Stufe nur so lange unterrühren, bis sich alle Zutaten gut verbunden haben. Teig in die Form füllen und glatt streichen.

- Äpfel schälen, vierteln und entkernen. Viertel auf der gewölbten Seite mehrmals längs einschneiden und mit der Wölbung nach oben auf den Teig legen. Form in den Ofen stellen (Topfhandschuhe!). Kuchen etwa 40 Minuten backen. Aus dem Ofen nehmen (Topfhandschuhe!) und auf ein Kuchengitter stellen.

- Konfitüre mit 1 EL Wasser in einem Topf unter Rühren aufkochen, mit einem Backpinsel auf den heißen Kuchen streichen. Kuchen 10 Minuten in der Form ruhen lassen, dann herauslösen und auf dem Kuchengitter abkühlen lassen.

Kirsch-Streuselkuchen

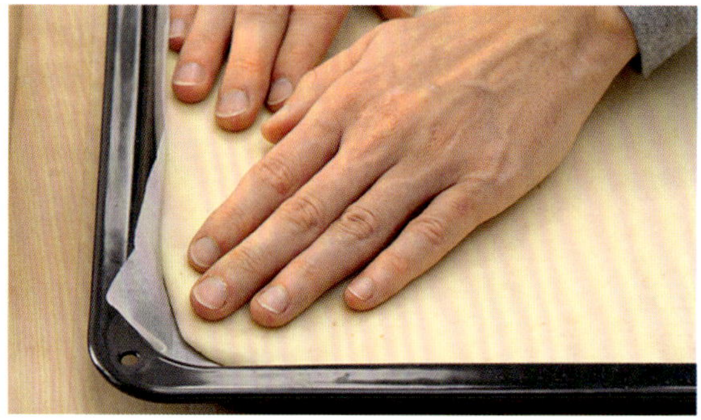

1. Für den Teig Mehl und Backpulver mischen. Quark, Milch, Öl, Zucker, 1 Prise Salz dazugeben. Mit den Knethaken des Handrührgeräts kurz auf niedrigster, dann auf höchster Stufe 1 Minute verkneten.

2. Backblech (40 × 30 cm) mit Backpapier auslegen. Teig mit wenig Mehl zu einer Rolle formen. Teigrolle auf dem Blech ausrollen und mit den Händen an die Ränder und in die Ecken drücken.

3. Backofen auf 200 °C (Umluft 180 °C) vorheizen. Für den Belag Kirschen in einem Sieb abtropfen lassen und auf dem Teig verteilen. Crème fraîche, Eier, Zucker, Vanillezucker und Stärke glatt rühren.

4. Eiermasse auf den Kirschen verteilen. Für die Streusel Mehl mit Zucker, Zimt und Butter mit den Quirlen des Handrührgeräts auf höchster Stufe zu Streuseln verarbeiten, diese auf dem Kuchen verteilen.

5. Kuchen in den Ofen auf die mittlere Schiene schieben (Topfhandschuhe!) und etwa 35 Minuten backen. Aus dem Ofen nehmen (Topfhandschuhe!) und auf einem Kuchengitter abkühlen lassen.

Für 1 Blechkuchen (20 Stücke):

Für den Quark-Öl-Teig:

450 g Weizenmehl (Type 405)
1 Päckchen Backpulver
250 g Magerquark
100 ml Milch + 100 ml Öl
80 g Zucker + Salz

Für den Belag:

2 Gläser Sauerkirschen (je 350 g Abtropfgewicht)
300 g Crème fraîche
2 Eier (Größe M) + 40 g Zucker
1 Päckchen Vanillezucker
40 g Speisestärke

Für die Streusel:

300 g Weizenmehl (Type 405)
150 g Zucker + ½ TL Zimtpulver
200 g Butter (zerlassen)

Außerdem:

Mehl für die Arbeitsfläche

Zubereitung: ca. 35 Min.
+ ca. 35 Min. Backzeit
+ ca. 3 Std. Abkühlzeit

Nusskuchen

Für 1 Kuchen (ca. 15 Stücke):

Für den Rührteig:

200 g gemahlene Haselnüsse
100 g gehackte Haselnüsse
275 g weiche Butter
150 g Zucker
1 Päckchen Vanillezucker
4 Eier (Größe M)
150 g Weizenmehl (Type 405)
1 gestrichener TL Backpulver

Für Glasur und Guss:

3 EL Aprikosenkonfitüre
100 g Bitterschokolade
(ca. 60% Kakaoanteil)
1 TL Öl (z. B. Sonnenblumenöl)

Außerdem:

Kastenform (ca. 25 cm lang)
Fett und Mehl für die Form

Zubereitung: ca. 30 Min.
\+ ca. 45 Min. Backzeit
\+ ca. 2¼ Std. Abkühlzeit

- Für den Teig alle Haselnüsse in einer großen Pfanne ohne Fett bei schwacher Hitze unter Rühren hellbraun rösten. Dann auf einen Teller geben. Backofen auf 180 °C (Umluft 160 °C) vorheizen.

- Form einfetten und mit Mehl ausstäuben. Butter mit den Quirlen des Handrührgeräts auf höchster Stufe geschmeidig rühren. Zucker und Vanillezucker unterrühren, bis sich alles gut verbunden hat. Eier nacheinander aufschlagen und je etwa ½ Minute unterrühren. Mehl, Backpulver und Haselnüsse mischen. Erst die Hälfte der Mehlmischung auf mittlerer Stufe kurz unterrühren, dann den Rest.

- Teig in die Form füllen und glatt streichen. In den Ofen auf die zweite Schiene von unten schieben (Topfhandschuhe!) und 45 Minuten backen. Stäbchenprobe machen: Einen Holzspieß in die Mitte des Kuchens stecken und wieder herausziehen. Klebt kein Teig mehr daran, ist der Kuchen fertig. Andernfalls noch 5 bis 10 Minuten weiterbacken. Fertigen Kuchen aus dem Ofen nehmen und auf einem Kuchengitter in der Form etwa 15 Minuten abkühlen lassen. Dann stürzen und wieder umdrehen.

- Für die Glasur Konfitüre mit 1 EL Wasser in einem kleinen Topf unter Rühren einmal aufkochen. Kuchen damit bestreichen, vollständig abkühlen lassen. Für den Guss Schokolade klein brechen. Mit dem Öl in einer Metallschüssel im warmen Wasserbad unter Rühren schmelzen (siehe Seite 5 unter „Schokolade“). Kuchen damit überziehen. Fest werden lassen.

Beeren-Maulwurf-Torte

• Backofen auf 180 °C (Umluft 160 °C) vorheizen. Boden der Form mit Backpapier auslegen. Für den Teig Eier trennen. Eiweiße mit 1 Prise Salz mit den Quirlen des Handrührgeräts steif schlagen.

• Butter mit den Quirlen des Handrührgeräts auf höchster Stufe geschmeidig rühren. Zucker, dann Eigelbe unterrühren. Mehl, Backpulver und Kakao mischen und abwechselnd mit Nüssen auf niedrigster Stufe unter die Buttermasse rühren. Eischnee in drei Portionen mit einem Teigschaber unterheben.

• Teig in der Form glatt streichen. In den Ofen auf die zweite Schiene von unten schieben (Topfhandschuhe!) und etwa 30 Minuten backen. Herausnehmen (Topfhandschuhe!) und auf einem Kuchengitter 10 Minuten abkühlen lassen. Kuchen stürzen und Backpapier abziehen. Abkühlen lassen. Inzwischen für die Füllung Beeren etwa 1 Stunde antauen lassen. Etwa ein Drittel Beeren mit Zucker fein pürieren.

• Kuchen auf eine Tortenplatte legen, oben mit einem Messer rundum einen 2 cm breiten Rand markieren. Kuchen mit einem Esslöffel etwa 1 cm tief bis zum markierten Rand aushöhlen. Kuchenabschnitte in einer Schüssel mit den Händen zerkrümeln. Beerenpüree auf dem ausgehöhlten Kuchen glatt streichen. Sahne mit Vanillezucker und Sahnefestiger steif schlagen, Beeren unterziehen. Kuppelförmig auf den Kuchen streichen. Kuchenkrümel daraufstreuen und leicht andrücken. Etwa 2 Stunden kühl stellen.

Für 1 Torte (12 Stücke):

Für den Rührteig:

4 Eier (Größe M)
Salz + 125 g weiche Butter
130 g Zucker
130 g Weizenmehl (Type 405)
2 gestrichene TL Backpulver
30 g Kakaopulver
100 g gemahlene Haselnüsse

Für die Füllung:

500 g TK-Beerenmischung
2 EL Zucker
300 g Sahne
1 Päckchen Vanillezucker
2 Päckchen Sahnefestiger

Außerdem:

Springform (ca. 26 cm Ø)

Zubereitung: ca. 45 Min.
+ ca. 30 Min. Backzeit
+ ca. 4 Std. Abkühl-/Kühl- und Antauzeit

Schokoladentorte

Für 1 Torte (12 Stücke):

Für den Rührteig:

150 g Bitterschokolade
(ca. 60 % Kakaoanteil)
4 Eiweiß (Größe M)
Salz
150 g weiche Butter
125 g Zucker
1 Päckchen Vanillezucker
2 Eier + 4 Eigelb (je Größe M)
150 g Weizenmehl (Type 405)
1 gestrichener TL Backpulver
15 g Kakaopulver

Für Glasur und Guss:

150 g rotes Johannisbeergelee
150 g dunkle Kuchenglasur

Außerdem:

Springform (26 cm Ø)

Zubereitung: ca. 40 Min.
\+ ca. 45 Min. Backzeit
\+ ca. 4 Std. Abkühlzeit

- Boden der Springform mit Backpapier auslegen. Backofen auf 180 °C (Umluft 160 °C) vorheizen. Für den Teig Schokolade in kleine Stücke brechen und in einer Metallschüssel im warmen Wasserbad unter Rühren schmelzen (siehe Seite 5 unter „Schokolade").

- Eiweiße und 1 Prise Salz zu steifem Schnee schlagen. Butter in einer Rührschüssel auf höchster Stufe geschmeidig rühren. Erst Zucker und Vanillezucker gut unterrühren, dann die Schokolade. Eier und Eigelbe je ½ Minute unterrühren. Mehl, Backpulver und Kakao mischen. Erst die Mehlmischung, dann den Eischnee jeweils in zwei Portionen kurz auf mittlerer Stufe unter die Buttermasse rühren.

- Teig in die Form füllen. In den Ofen auf die zweite Schiene von unten schieben (Topfhandschuhe!) und 45 Minuten backen. Herausnehmen (Topfhandschuhe!) und in der Form auf einem Kuchengitter 10 Minuten abkühlen lassen, dann stürzen und das Backpapier abziehen. Kuchen abkühlen lassen.

- Boden umdrehen und waagerecht halbieren. Oberen Boden abheben, am besten mit einer Tortenscheibe oder einem Kuchenretter. Für die Glasur das Gelee glatt rühren und den unteren Boden mit der Hälfte davon bestreichen. Oberen Boden darauflegen und mit dem restlichen Gelee bestreichen. Für den Guss Kuchenglasur nach Packungsanweisung schmelzen, von der Mitte beginnend auf die Torte geben und glatt streichen. Fest werden lassen.

Back-Geschenke mit Liebe gemacht

Wenn Conni anderen eine kleine Freude machen will, dann verschenkt sie am liebsten etwas aus der eigenen Backstube – natürlich hübsch dekoriert, beschriftet und verpackt!

Verpackungskünstler

- Beim Verpacken der selbst gemachten Köstlichkeiten kannst du ganz nach Lust, Laune und vorhandenem Bastelmaterial eigene Ideen umsetzen: Bilder malen oder aus Zeitschriften ausschneiden, Sticker als Verzierung aufkleben, Bänder und Schnüre aller Art um die Geschenke binden, Zutatenlisten schreiben und anhängen.

- Wie wäre es mit Upcyling? Das bedeutet nichts anderes, als aus schon gebrauchten Materialen etwas Neues machen. Also z.B. aus Verpackungskartons kleine Geschenkanhänger basteln oder Konfitüregläser ausspülen, trocknen und befüllen.

Knusprige Herz-Lollis

• Mehl mit Backpulver in einer Schüssel mischen. Zucker, 1 Prise Salz, Butter und 100 g saure Sahne hinzufügen und alles mit den Knethaken des Handrührgeräts gut durcharbeiten. Dann auf der leicht bemehlten Arbeitsfläche glatt verkneten. Teig zu 2 Kugeln formen und diese flach drücken. In Frischhaltefolie gewickelt 1 Stunde kühl stellen.

• Backofen auf 180 °C Umluft vorheizen. Zwei Backbleche mit Backpapier auslegen. Teighälften auf der leicht bemehlten Arbeitsfläche etwa 2 mm dick ausrollen. Herzen ausstechen, auf die Bleche legen, mit einer Gabel mehrmals einstechen.

• In den Ofen auf die untere und mittlere Schiene schieben (Topfhandschuhe!) und 10 bis 15 Minuten backen. Herausnehmen (Topfhandschuhe!) und Herzen auf einem Kuchengitter abkühlen lassen.

• Schokolade in kleine Stücke brechen. Mit dem Gelee in einer Metallschüssel im warmen Wasserbad unter Rühren schmelzen. Übrige saure Sahne (40 g) unterrühren. Je 1 Herz dick mit Füllung bestreichen und einen Holzspatel hineindrücken, sodass er unten heraussteht. Ein zweites Herz darauflegen und ebenfalls andrücken. Auf diese Weise etwa 30 Herz-Lollis herstellen. Füllung fest werden lassen.

• Zuckerguss mit einigen Tropfen Speisefarbe rot färben. Herzen damit bestreichen und mit Zuckerherzchen garnieren. Trocknen lassen.

Für ca. 30 Stück:

300 g Weizenmehl (Type 405)
½ TL Backpulver + 2 EL Zucker
Salz + 150 g Butter (in Stücken)
140 g saure Sahne
Mehl für die Arbeitsfläche
Herz-Ausstecher (ca. 7 cm Ø)
200 g weiße Schokolade
30 g rotes Johannisbeergelee
30 Holzspatel (z. B. Apotheke)
150 g Zuckerguss
rote Speisefarbe
2 EL Zuckerherzchen

Zubereitung: ca. 45 Min.
+ 1 Std. Min. Kühlzeit
+ 10–15 Min. Backzeit

Walnussbaguette im Glas

Für 1 Glas • Misch- und Bastelzeit: ca. 45 Min.

Für die Backmischung: 370 g Weizenmehl (Type 405) + 1 TL Salz + 1 gestrichenen TL Zucker + 80 g Walnusskerne + 2 EL Olivenöl + 1 Päckchen Trockenhefe. **Für das Glas:** 1 Glas mit Schraubverschluss (ca. 750 ml) + dunkles und helles Papier + Stempelbuchstaben + Stempelkissen + doppelseitiges Klebeband + farbige Kordeln + 1 Fläschchen

- Für die Backmischung Mehl, Salz und Zucker vermischen und in das Glas geben. Die Walnüsse daraufgeben und das Glas mit dem Deckel verschließen.

- Für das Glas 1 dunklen Papierstreifen (ca. 34 × 8 cm) und 15 helle Papierstücke (3 × 1½ cm) zuschneiden. Den Rezeptnamen auf die kleinen Stücke stempeln, diese mit Klebeband auf dem Papierstreifen fixieren (wer mag, näht die Buchstaben an). Die Banderole mit Klebeband an dem Glas befestigen. Mit Kordeln dekorieren. Das Öl in das Fläschchen füllen. An dem Glas mit Hefe und Backanleitung (siehe unten) mit Kordeln befestigen.

Backanleitung

Backmischung und Hefe mit 175 ml lauwarmem Wasser in einer Schüssel gut verkneten, das Öl unterkneten. Teig zugedeckt an einem warmen Ort 2 Stunden gehen lassen. Ein Backblech mit Backpapier auslegen. Teig mit wenig Mehl zu einem dünnen Baguette formen. Auf das Blech legen und 30 Minuten gehen lassen. Im auf 220 °C vorgeheizten Backofen auf der mittleren Schiene etwa 25 Minuten backen. Guten Appetit!

Zitronen-Joghurt-Küchlein

Die Küchlein im Glas sind ein tolles Mitbringsel für Verwandte oder Freunde. Hänge einen Zettel dran, auf dem steht: „Innerhalb von 2 bis 3 Tagen essen!"

- Backofen auf 180 °C (Umluft 160 °C) vorheizen. Mehl, Speisestärke, Backpulver und 1 Prise Salz vermischen. Zitrone heiß waschen und trocken reiben, die Schale fein abreiben und zur Mehlmischung geben. Von der Zitronenhälfte den Saft auspressen.

- Butter in einer Schüssel mit den Quirlen des Handrührgeräts auf höchster Stufe geschmeidig rühren. Zucker nach und nach unterrühren. Ei aufschlagen und etwa ½ Minute unterrühren. Joghurt ebenfalls unterrühren. Mehlmischung dazugeben und alles kurz auf niedrigster, dann auf höchster Stufe 2 Minuten zu einem glatten Teig verrühren.

- Glasböden einfetten. Teig gleichmäßig in die Gläser verteilen und diese auf einem Backblech in den Ofen auf die mittlere Schiene schieben (Topfhandschuhe!). Die Küchlein etwa 20 Minuten backen.

- Blech aus dem Ofen nehmen (Topfhandschuhe!) und auf ein Kuchengitter stellen. Küchlein in den Gläsern lauwarm abkühlen lassen.

- Für den Guss Puderzucker in eine Schale geben. Tropfenweise so viel Zitronensaft (1 bis 2 EL) unterrühren, bis ein dickflüssiger Guss entstanden ist. Guss auf die lauwarmen Küchlein verteilen. Küchlein vollständig abkühlen lassen. Gläser verschließen und nach Belieben noch hübsch verpacken, z. B. mit durchscheinendem Stoff und Bändern.

Für 12 Stück:

80 g Weizenmehl (Type 405)
40 g Speisestärke
1 gestrichener TL Backpulver
Salz + ½ Bio-Zitrone
60 g weiche Butter
70 g Zucker + 1 Ei (Größe M)
70 g Naturjoghurt
100 g Puderzucker

Außerdem:

12 ofenfeste Einmachgläser (je 80 ml) + Fett für die Gläser

Zubereitung: ca. 20 Min.
+ ca. 20 Min. Backzeit
+ ca. 2 Std. Abkühlzeit

Hefezopf

- Für den Teig Sahne lauwarm erhitzen. Mehl und Hefe in einer Schüssel mischen. Zucker, Vanillezucker, Zitronenschale, 1 Prise Salz, Eier, Eiweiß und Sahne hinzufügen. Alles etwa 5 Minuten glatt verkneten. Teig zugedeckt an einem warmen Ort etwa 30 Minuten gehen lassen, bis er sich sichtbar vergrößert hat.

- Ein Backblech mit Backpapier auslegen. Teig auf der mit Mehl bestäubten Arbeitsfläche kurz durchkneten, dabei 80 g gehackte Mandeln unterarbeiten. Zum Bestreichen Eigelb mit Milch verquirlen.

- Aus zwei Dritteln des Teiges 3 etwa 40 cm lange Rollen formen und zu einem Zopf flechten, Enden leicht zusammendrücken und unter den Zopf legen. Den Zopf auf das Blech legen und mit einer Teigrolle längs eine Vertiefung hineindrücken, diese mit etwas Eigelbmilch bestreichen. Aus dem restlichen Teig 3 etwa 35 cm lange Rollen formen und zu einem Zopf flechten, diesen in die Vertiefung des großen Zopfs legen. Zopf zugedeckt an einem warmen Ort etwa 30 Minuten gehen lassen, bis er sich sichtbar vergrößert hat. 15 Minuten vor Ende der Gehzeit Backofen auf 180 °C (Umluft 160 °C) vorheizen.

- Zopf mit Eigelbmilch bestreichen und mit übrigen Mandeln (20 g) bestreuen. Blech in den Ofen auf die zweite Schiene von unten schieben (Topfhandschuhe!) und den Zopf etwa 35 Minuten goldbraun backen. Aus dem Ofen nehmen (Topfhandschuhe!). Zopf mit dem Backpapier auf ein Kuchengitter ziehen und abkühlen lassen.

Für 1 Zopf (12 Scheiben):

Für den Hefeteig:

250 g Sahne
500 g Weizenmehl (Type 550)
1 Päckchen Trockenhefe
80 g Zucker
1 Päckchen Vanillezucker
1 Päckchen geriebene Zitronenschale + Salz
2 Eier (Größe M)
1 Eiweiß (Größe M)
100 g gehackte Mandeln

Zum Bestreichen:

1 Eigelb (Größe M) + 1 EL Milch

Außerdem:

Mehl für die Arbeitsfläche

Zubereitung: ca. 35 Min.
+ ca. 1 Std. Gehzeit
+ ca. 35 Min. Backzeit
+ ca. 1½ Std. Abkühlzeit

Zitronentorte

1. Eine Tortenspitze auf eine Tortenplatte legen und den geschlossenen Springformrand daraufstellen. Für den Kuchenboden die Butter in einem kleinen Topf bei mittlerer Hitze zerlassen.

2. Löffelbiskuits in einen Gefrierbeutel geben, diesen verschließen und die Löffelbiskuits mit einer Teigrolle fein zerbröseln. Die Brösel in eine Schüssel geben. Butter hinzugeben und gut verrühren.

3. Die Bröselmasse in der Springform verteilen und mit einem Löffel gleichmäßig als Boden fest andrücken. Die Tortenplatte mit dem Bröselboden etwa 20 Minuten in den Kühlschrank stellen.

4. Inzwischen Götterspeisenpulver mit 200 ml Wasser in einem Topf bei schwacher Hitze nur leicht erwärmen und auflösen. Vom Herd nehmen und 15 Minuten abkühlen lassen. Sahne steif schlagen.

5. Frischkäse, Zucker, Vanillezucker und Zitronensaft mit den Quirlen des Handrührgeräts verrühren. Götterspeise nach und nach unterrühren. Sahne kurz unterrühren. Creme auf dem Bröselboden verstreichen.

6. Die Torte mindestens 2 Stunden kühl stellen. Springformrand mit einem kalt abgespülten Messer von der Torte lösen und entfernen. Wer mag, verziert die Torte noch mit Zitronenschale.

Für 1 Torte (12 Stücke):

130 g Butter
150 g Löffelbiskuits
1 Beutel Götterspeise Zitronengeschmack (12 g)
500 g Sahne
200 g Doppelrahmfrischkäse
90 g Zucker
1 Päckchen Vanillezucker
2 EL Zitronensaft
ca. 1 TL abgeriebene oder in feine Streifen geschnittene Bio-Zitronenschale (wer mag)

Außerdem:

Tortenplatte und -spitze
Springformrand (oder Tortenring; 26 cm Ø)
1 Gefrierbeutel (ca. 6 l Inhalt)

Zubereitung: ca. 35 Min.
+ ca. 2 ½ Std. Kühl-/Abkühlzeit

Rosaroter Kranz
mit Zuckerperlen

Für 1 Kranz (ca. 15 Stücke)

250 g weiche Butter
150 g Frischkäse
170 g feiner Zucker
4 Eier (Größe M)
1 TL Backpulver
300 g Weizenmehl (Type 405)
½ Bio-Zitrone + Salz
1 Msp. Vanillemark
etwas rote Speisefarbe

Für die Deko:

1–1½ EL roter Beerensaft
100 g Puderzucker
1–2 EL Zuckerperlen

Außerdem:

Kranzform (ca. 26 cm Ø)
Butter für die Form

Zubereitung: ca. 30 Min.
+ 50–60 Min. Backzeit

- Backofen auf 170 °C (Umluft 150 °C) vorheizen. Form mit Butter einfetten. In einer Schüssel Butter und Frischkäse mit den Quirlen des Handrührgeräts geschmeidig rühren. Feinen Zucker unterrühren. Eier nacheinander aufschlagen und jeweils unterrühren, bis sich die Zutaten gut verbunden haben.

- Backpulver mit Mehl mischen. Zitrone heiß waschen und trocken reiben, Schale fein abreiben und Saft auspressen. Beides mit Mehl, 1 Prise Salz und Vanillemark unter die Buttermasse rühren.

- 150 g Teig in eine zweite Schüssel abwiegen und mit 3 bis 4 Tropfen Speisefarbe verrühren. Ungefärbten Teig zu einem Drittel hoch in die Form füllen, gefärbten Teil mit einem Löffel mittig daraufgeben und mit dem restlichen ungefärbten Teig bedecken.

- Kuchen in den Ofen auf die mittlere Schiene schieben (Topfhandschuhe!) und 50 bis 60 Minuten backen. Herausnehmen (Topfhandschuhe!) und kurz in der Form ruhen lassen. Dann auf ein Kuchengitter stürzen und vollständig abkühlen lassen.

- Für die Deko tropfenweise so viel Beerensaft unter den Puderzucker rühren, bis ein streichfähiger Guss entstanden ist. Kuchen damit bestreichen und mit Zuckerperlen verzieren. Guss trocknen lassen.

Erdbeer-Schmand-Torte

Für 1 Torte (12 Stücke):

Für den Rührteig:

170 g Weizenmehl (Type 405)
2 gestrichene TL Backpulver
70 g Zucker
1 Päckchen Vanillezucker
2 Eier (Größe M)
80 g weiche Butter (oder Margarine)
100 g Buttermilch

Für Belag und Guss:

100 g Sahne
400 g Schmand
50 ml Orangensaft
30 g Sofort-Gelatine (zum Einrühren ohne Erwärmen, z.B. Gelatine fix)
20 g Zucker
500 g Erdbeeren
ca. 50 g weiße Kuvertüre (am Stück)

Außerdem:

Springform (26 cm Ø)
Fett für die Form

Zubereitung: ca. 50 Minuten
+ ca. 25 Min. Backzeit
+ ca. 5 Std. Kühl-/Abkühlzeit

1. Springformboden einfetten. Backofen auf 180 °C (Umluft 160 °C) vorheizen. Für den Teig Mehl mit Backpulver in einer Rührschüssel mischen. Zucker, Vanillezucker, Eier, Butter und Buttermilch hinzufügen.

2. Mit den Quirlen des Handrührgeräts auf höchster Stufe etwa 2 Minuten verrühren. Teig in die Form füllen. In den Ofen auf die zweite Schiene von unten schieben (Topfhandschuhe!), ca. 25 Minuten backen.

3. Form aus dem Ofen nehmen (Topfhandschuhe!), Kuchen darin 10 Minuten abkühlen lassen. Aus der Form lösen, auf eine Tortenplatte setzen und abkühlen lassen. Springformrand um den Boden stellen.

4. Für den Belag Sahne steif schlagen. Schmand und Saft verrühren. Gelatine mit den Quirlen des Handrührgeräts 1 Minute unterrühren. Sahne, dann Zucker unterrühren. Masse auf den Tortenboden geben.

5. Erdbeeren waschen, entkelchen und trocken tupfen. Große Beeren längs halbieren oder in gleichmäßige Scheiben schneiden. Erdbeeren dachziegelartig von außen nach innen auf die Schmandmasse legen.

6. Torte etwa 4 Stunden kühl stellen. Springformrand mit einem Messer lösen und entfernen. Von der weißen Kuvertüre mit einem Sparschäler Späne abziehen und die Torte damit dekorieren.

Bunter Obstkuchen

- In einem Topf Milch, Zucker und Puddingpulver glatt rühren. Unter Rühren aufkochen und andicken lassen. Pudding in eine Schüssel füllen, direkt an der Oberfläche mit Frischhaltefolie abdecken und abkühlen lassen.

- Obst putzen, waschen und trocken tupfen. Je nach Sorte etwas kleiner schneiden.

- Pudding mit dem Schneebesen nochmals durchrühren und gleichmäßig auf den Biskuit streichen. Mit Semmelbröseln bestreuen und mit Obst belegen.

- Apfelsaft, 350 ml Wasser und Tortenguss in einem Topf unter Rühren aufkochen, andicken und dann kurz abkühlen lassen (je nach Packungsanweisung!).

- Guss mit einem Löffel gleichmäßig auf dem Obst verteilen, dabei in der Mitte beginnen. Kuchen bis zum Servieren kühl stellen. Dazu nach Belieben Schlagsahne servieren.

Für 1 Kuchen (12 Stücke):

¼ l Milch + 20 g Zucker
½ Päckchen Vanillepuddingpulver (20 g)
ca. 600 g Obst (z.B. Heidel-, Him-, Erdbeeren und Trauben)
1 heller Biskuittortenboden (Fertigprodukt, 24–26 cm Ø)
2–3 EL Semmelbrösel
150 ml Apfelsaft
2 Päckchen klarer Tortenguss
Schlagsahne (nach Belieben)

Zubereitung: 25 Min.

Mein Tipp: Wenn ich mal ganz schnell einen Kuchen brauche, lasse ich den Pudding weg und bestreiche den Biskuit mit 200 g geschlagener Sahne. Extrasahne dazu gibt's dann nicht mehr!

Kaum gibt es etwas zu feiern, läuft bei den Klawitters der Backofen heiß. Das Highlight: Geburtstagskuchen, Plätzchen und Ostergebäck gästefein herausputzen!

Für Feste & Gäste

Schoko-Marmorkuchen

Für 1 Gugelhupf (14 Stücke):

375 g Weizenmehl (Type 405)
4 gestrichene TL Backpulver
300 g weiche Butter
270 g Zucker
1 Päckchen Vanillezucker
Salz
5 Eier (Größe M)
6 EL Milch
20 g Kakaopulver
100 g Zartbitterschokoladen-tropfen (oder klein gehackte Schokolade)
200 g Zartbitterkuvertüre (oder dunkle Kuchenglasur)

Außerdem:

Gugelhupfform (24 cm Ø)
Butter und Mehl für die Form

Zubereitung: ca. 25 Min.
+ ca. 1 Std. Backzeit
+ ca. 2½ Std. Abkühlzeit

- Gugelhupfform einfetten und mit Mehl ausstäuben. Backofen auf 180 °C (Umluft 160 °C) vorheizen. Mehl mit Backpulver mischen.

- Butter in einer Schüssel mit den Quirlen des Handrührgeräts auf höchster Stufe geschmeidig rühren. Nach und nach 250 g Zucker, Vanillezucker und 1 Prise Salz unterrühren. Eier nacheinander aufschlagen und je etwa ½ Minute unterrühren. Die Hälfte der Mehlmischung, 3 EL Milch und dann restliches Mehl auf mittlerer Stufe kurz unterrühren.

- Die Hälfte des Teiges in die Form füllen und glatt streichen. Kakao und restlichen Zucker (20 g) mischen, mit restlicher Milch (3 EL) und Schokoladentropfen unter den übrigen Teig rühren. Dunklen Teig in Klecksen auf dem hellen Teig verteilen. Mit einer Gabel spiralförmig so durch die Teigschichten ziehen, dass ein Marmormuster entsteht.

- Form in den Ofen auf die zweite Schiene von unten schieben (Topfhandschuhe!) und ca. 1 Stunde backen. Herausnehmen (Topfhandschuhe!) und in der Form 10 Minuten abkühlen lassen. Kuchen stürzen, umdrehen und auf einem Kuchengitter vollständig abkühlen lassen.

- Kuvertüre klein hacken und in einer Metallschüssel im warmen Wasserbad unter Rühren schmelzen (siehe Seite 5 unter „Schokolade"). Auf dem Kuchen verteilen und fest werden lassen.

Iglu-Eistorte

ratzfatz

Für 1 Torte (6 Stücke):

200 g Eiskonfekt
2 Karlsbader Oblaten (je ca. 18 cm Ø)
1½ l Vanilleeiscreme (Fertigprodukt)

Außerdem:

1 Glasschale (ca. 18 cm Ø, ca. 1½ l Inhalt)
1 kleiner Gefrierbeutel

Zubereitung: 25 Min.
+ mind. 2 Std. Gefrierzeit

- 50 g Eiskonfekt in einer Metallschüssel im warmen Wasserbad unter Rühren schmelzen. 1 Oblate mit der Hälfte der Eiskonfektmasse bestreichen. Die zweite Oblate darauflegen, andrücken und mit der restlichen Eiskonfektmasse bestreichen. Im Kühlschrank fest werden lassen.

- Inzwischen Eiscreme cremig antauen lassen. 100 g Eiskonfekt klein hacken und unter die Eiscreme rühren. Glasschüssel mit Frischhaltefolie auslegen, Eiscreme hineinfüllen und fest andrücken.

- Oblaten mit der bestrichenen Seite nach unten auf die Eiscreme legen und leicht andrücken. Eistorte mindestens 2 Stunden in das Tiefkühlfach stellen.

- Zum Verzieren restliches Eiskonfekt (50 g) wie oben beschrieben schmelzen. Eistorte auf eine Tortenplatte stürzen und mit einem Teelöffelstiel beliebig „Iglu-Bausteine“ und eine „Tür“ auf der Oberfläche einritzen.

- Geschmolzenes Eiskonfekt in den Gefrierbeutel füllen. Eine Ecke des Beutels abschneiden und Tür und Bausteine des Iglus mit dem flüssigen Eiskonfekt nachzeichnen.

Geburtstagsbüfett

Endlich Geburtstag! Conni plant schon Wochen im Voraus, was es beim Fest mit ihren Freundinnen und Freunden zu essen geben soll und welche Spiele unbedingt mit dabei sein müssen. Am liebsten würde sie alles selbst machen: Kuchen, Getränke und die Deko …

Wann gibt es was zu tun?

- **Irgendwann in den Tagen davor:** nachsehen, was alles vorrätig ist, und rausstellen. Fehlende Zutaten einkaufen. Die Eltern daran erinnern, dass sie die Schatzsuche vorbereiten müssen! Eventuell kannst du dafür eine Schatztruhe aus Karton basteln.

- **Am Tag vorher:** Einhornkuchen backen und zugedeckt in den Kühlschrank stellen. Cake-Pop-Eisbecher ohne Guss vorbereiten und zugedeckt in den Kühlschrank stellen.

- **Am Festtag:** 2 bis 3 Stunden vor Beginn der Feier Cake-Pop-Eis mit Guss überziehen und dekorieren. Kurz bevor es losgeht, die Limo in einer Kanne zubereiten.

Bunter Einhornkuchen aus der Pfanne

Für 1 Kuchen (8 Stücke) • Zubereitung: 25 Min. + 25 Min. Backzeit + 1 Std. Kühlzeit

170 g Weizenmehl (Type 405) + 2 TL Backpulver + 200 g weiche Butter + Salz 100 g Zucker + 1 Päckchen Vanillezucker + 2 Eier (Größe L) + rote, blaue oder violette backfeste Speisefarbe + 1 Pfanne (28 cm Ø) + 80 g Puderzucker + 100 g Doppelrahmfrischkäse + Zuckerdekor (z.B. Perlen, Sterne, Einhörner)

- Mehl und Backpulver mischen. 120 g Butter mit 1 Prise Salz in einer Rührschüssel mit den Quirlen des Handrührgeräts cremig schlagen. Nach und nach Zucker und Vanillezucker einrieseln lassen und weiterrühren, bis sich der Zucker fast vollständig aufgelöst hat. Eier nacheinander aufschlagen und je ½ Minute unterrühren. Mehlmischung in zwei Portionen nur kurz unterrühren. Teig halbieren. Jede Portion mit Speisefarbe nach Packungsanweisung rosa bzw. violett oder türkis färben.

- Zwei Bögen Backpapier in Pfannengröße zuschneiden. Pfanne erhitzen, ein Backpapier hineinlegen und beide Teige abwechselnd in die Pfanne klecksen, bis ein buntes Muster entstanden und der Teig gleichmäßig in der Pfanne verteilt ist. Beide Teige mit einer Gabel noch etwas ineinanderziehen.

- Teig zugedeckt bei schwacher Hitze 25 Minuten backen, bis die Oberfläche fest ist. Vom Herd nehmen und Kuchen 5 Minuten ruhen lassen. Mit dem zweiten Backpapier belegen und auf einen Teller stürzen. Oberes Backpapier abziehen, Kuchen auf ein Kuchengitter stürzen und abkühlen lassen.

- Puderzucker sieben. Restliche Butter (80 g) und Frischkäse in einer Schüssel mit den Quirlen des Handrührgeräts cremig rühren. Puderzucker einrieseln lassen und alles zu einer festen Creme verrühren. Creme auf den Kuchen streichen. Kuchen 1 Stunde zugedeckt kühl stellen. Mit Zuckerdekor bestreuen.

Cake-Pop-Eisbecher

Für 12 Stück • Zubereitung: ca. 30 Min. + ca. 2 Std. Kühlzeit

100 g Pfirsichhälften (aus der Dose) + 350 g heller Tortenboden (selbst gebacken oder gekauft) + 140 g Doppelrahmfrischkäse + 75 g Zucker + 70 g weiche Butter + 80 g zarte Haferflocken + 12 kleine Waffel-Eisbecher + 200 g Puderzucker + 4 EL Zitronensaft + rote Speisefarbe + ca. 40 kleine bunte Schokolinsen

- Pfirsiche in einem Sieb gut abtropfen lassen. Tortenboden in einer Schüssel mit den Händen fein zerbröseln. Frischkäse, Zucker und Butter dazugeben und alles gut verrühren. Haferflocken und Pfirsiche untermischen. Cake-Pop-Masse etwa 2 Stunden kühl stellen.

- Eisbecher auf ein großes Brett oder einen Bogen Backpapier stellen. Von der Masse mit einem Eisportionierer Kugeln abstechen und in die Waffelbecher setzen.

- Puderzucker mit so viel Zitronensaft verrühren, bis ein zähflüssiger Guss entstanden ist. Auf zwei Schüsselchen verteilen und jeweils mit Speisefarbe rot und rosa einfärben.

- Cake-Pop-Kugeln mit Zuckerguss überziehen. Dafür je 1 TL Guss oben auf die Teigkugeln geben und dann mit einem Messer vorsichtig verstreichen. Je 3 bis 4 Mini-Schokolinsen auf die überzogenen Kugeln setzen und den Guss trocknen lassen.

Perfekter Guss

Damit der Zuckerguss nicht wegfließt, muss er sehr zäh sein. Ist er zu dünn, einfach noch etwas mehr Puderzucker bis zur richtigen Konsistenz unterrühren.
Bei zu festem Guss tropfenweise Zitronensaft unterrühren.

Limo selbst gemacht

Für 6 Gläser (je ca. 300 ml Inhalt) • Zubereitung: 10 Min.

1½ l Mineralwasser (mit Kohlensäure) + 100 ml Fruchtsirup (z.B. Himbeersirup)
3 Bio-Zitronen (oder -Limetten) + einige Blätter Melisse (oder Minze) + 24 Eiswürfel

- Mineralwasser und Fruchtsirup in einer Kanne verrühren. Zitronen waschen. 1 Zitrone in dünne Scheiben schneiden. Die übrigen 2 Zitronen halbieren, den Saft auspressen und diesen unter die Mineralwassermischung rühren. Melisse waschen und trocken tupfen.

- Zum Servieren je 4 Eiswürfel in ein Glas geben und mit Limonade aufgießen. Mit Zitronenscheiben und Melisse garnieren. Wer mag, serviert die Limo mit einem Strohhalm.

Bilderschatzsuche

Conni möchte bei der Schatzsuche natürlich selbst mitmachen, deswegen müssen die Eltern ran, wenn es ums Vorbereiten geht. Was sie wohl in die Schatzkiste packen?

- Schießt 10 bis 15 Fotos von Stellen in Haus oder Garten und druckt diese aus, z.B. einen Ausschnitt eines Blumentopfs oder Sessels.

- Das erste Bild bekommen die Schatzsucher. An der darauf abgebildeten Stelle finden sie das nächste Bild. Das letzte Bild zeigt den Ort, an dem eine Schatztruhe versteckt ist.

Osterlamm mit Mandarinen

Für 1 Lamm (ca. 12 Stücke):

1 kleine Dose Mandarinen (125 g Abtropfgewicht)
170 g Weizenmehl (Type 405) + Salz
30 g Schokoraspel
½ TL Backpulver
abgeriebene Schale von ½ Bio-Zitrone
70 g Marzipanrohmasse
100 g Puderzucker
120 g weiche Butter
3 Eier (Größe M)

Außerdem:

1 Lammbackform (1 l Inhalt)
Butter und Semmelbrösel für die Form
Puderzucker zum Bestäuben

Zubereitung: 30 Min.
+ 35–40 Min. Backzeit
+ ca. 2 Std. Abkühlzeit

- Backofen auf 180 °C (Umluft 160 °C) vorheizen. Form einfetten und mit Semmelbröseln ausstreuen. Mandarinen in einem Sieb abtropfen lassen. Mehl mit 1 Prise Salz, Schokoraspeln, Backpulver und Zitronenschale sorgfältig mischen.

- Marzipan grob in eine Rührschüssel bröckeln. Puderzucker und Butter hinzufügen, alles mit den Quirlen des Handrührgeräts geschmeidig rühren. Eier nacheinander aufschlagen und je etwa ½ Minute unterrühren. Mehlmischung auf niedrigster Stufe nur so lange unterrühren, bis sich die Zutaten zu einem glatten Teig verbunden haben.

- Ein Drittel des Teiges in die Form füllen und die Hälfte der Mandarinen daraufgeben. Wieder ein Drittel Teig einfüllen, restliche Mandarinen darauf verteilen und mit dem restlichen Teig abschließen.

- Osterlamm in den Ofen auf die mittlere Schiene schieben (Topfhandschuhe!) und 35 bis 40 Minuten backen. Herausnehmen (Topfhandschuhe!). Kuchen etwa 10 Minuten in der Form abkühlen lassen, dann vorsichtig herauslösen und auf einem Kuchengitter vollständig abkühlen lassen.

- Mit Puderzucker bestäuben und nach Belieben mit einem Glöckchen und Gänseblümchen dekorieren.

„Spiegeleier“ à la Conni

Für 12 Stück:

Für den Teig:

1 Dose Aprikosenhälften
(420 g Abtropfgewicht)
120 g Weizenmehl
(Type 405) + 1 TL Backpulver
2 Eier (Größe M)
60 g weiche Butter
60 g Zucker
abgeriebene Schale von
½ Bio-Limette
50 g Schmand

Für den Guss:

1 Ei + 150 g Schmand
1 Päckchen Vanillezucker

Außerdem:

12er-Muffinform
Butter für die Muffinform
12 Papierbackförmchen

Zubereitung: ca. 25 Min.
+ ca. 20 Min. Backzeit

• Backofen auf 180 °C (Umluft 160 °C) vorheizen. Die Mulden der Muffinform einfetten. Für den Teig Aprikosen über einer Schüssel in einem Sieb abtropfen lassen. Einlegesirup und 12 schöne Aprikosenhälften beiseitestellen, übrige Aprikosenhälften sehr klein schneiden. Mehl mit Backpulver mischen.

• Eier in eine Schüssel aufschlagen, mit Butter, Zucker und Limettenschale mit den Quirlen des Handrührgeräts auf höchster Stufe schaumig schlagen. Aprikosenstückchen und Schmand untermischen. Mehlmischung auf niedrigster Stufe nur so lange unterrühren, bis sich alles gut verbunden hat. Teig mit einem Esslöffel gleichmäßig in die Mulden der Muffinform füllen und etwas glatt streichen.

• Für den Guss Ei aufschlagen und mit dem Vanillezucker und dem Schmand verquirlen. Den Teig esslöffelweise mit dem Guss bedecken. Form in den Ofen auf die mittlere Schiene schieben (Topfhandschuhe!). Törtchen etwa 20 Minuten backen.

• Form herausnehmen (Topfhandschuhe!) und die Törtchen darin 5 Minuten abkühlen lassen. Ränder mit einem Messer vorsichtig lösen, Törtchen herausheben und in Papierförmchen setzen. Je 1 Aprikosenhälfte daraufsetzen und diese für Glanz mit etwas Einlegesirup bepinseln.

Zitronenherzen

1. Für den Teig Mehl, Backpulver, Puderzucker, Zitronenschale, Butter und Eiweiß in einer Schüssel zu einem glatten Teig verkneten. Teig in drei Portionen teilen, in Frischhaltefolie wickeln, 1 Stunde kühl stellen.

2. Drei Backbleche mit Backpapier auslegen. Backofen auf Umluft 160 °C vorheizen. 1 Teigportion auf der leicht bemehlten Arbeitsfläche 3 mm dick ausrollen. Herzen ausstechen, auf die Bleche legen.

3. Auf diese Weise nach und nach den ganzen Teig verarbeiten, dabei Reste wieder zusammenkneten. Eigelb mit 1 EL kaltem Wasser in einer Tasse verquirlen, die Hälfte der Plätzchen damit bestreichen.

4. Bestrichene Plätzchen mit Hagelzucker bestreuen. Herzen im Ofen (Topfhandschuhe!) 10 Minuten backen. Herausnehmen (Topfhandschuhe!), mit Papier auf ein Kuchengitter ziehen, abkühlen lassen.

5. Für den Guss Puderzucker mit so viel Zitronensaft in einer Schüssel verrühren, bis ein dickflüssiger Guss entstanden ist. Plätzchen ohne Hagelzucker mit Guss bestreichen und diesen trocknen lassen.

Connis Tipp: nur Herzen ausstechen? Das ist auf Dauer langweilig! Deshalb darf bei uns jeder ganz nach Lust und Laune Figuren ausstechen. Und statt Hagelzucker kommen bunte Zuckerstreusel obendrauf.

Für ca. 100 Stück:

Für den Knetteig:

250 g Weizenmehl (Type 405)
1 Msp. Backpulver
100 g Puderzucker
1 Päckchen geriebene Zitronenschale
150 g weiche Butter
1 Eiweiß (Größe M)

Für die Verzierung:

1 Eigelb (Größe M)
2 EL Hagelzucker

Für den Guss:

150 g Puderzucker
2–3 EL Zitronensaft

Außerdem:

Mehl für die Arbeitsfläche
Herz-Ausstecher (4–5 cm Ø)

Zubereitung: ca. 1 Std. 15 Min.
+ ca. 10 Min. Backzeit
+ ca. 3 Std. Kühl-/Abkühlzeit

Hafer-Nuss-Plätzchen

- 50 g gehobelte Haselnüsse beiseitestellen. Übrige gehobelte Haselnüsse und die gemahlenen Walnüsse mit Haferflocken, Mehl und Backpulver mischen.

- Butter in einer Schüssel mit den Quirlen des Handrührgeräts auf höchster Stufe geschmeidig rühren. Zucker nach und nach unterrühren. So lange rühren, bis sich alle Zutaten gut verbunden haben. Ei aufschlagen und etwa ½ Minute unterrühren. Zwei Drittel der Haferflockenmischung auf mittlerer Stufe unterrühren. Restliche Flockenmischung auf der Arbeitsfläche mit den Händen unter den Teig kneten.

- Teig mit leicht bemehlten Händen halbieren, jedes Teigstück zu einer etwa 20 cm langen, rechteckigen Stange (4 cm Kantenlänge) formen. Stangen auf ein Schneidbrett legen, mit Frischhaltefolie abdecken und mindestens 3 Stunden in den Kühlschrank legen.

- Backofen auf 160 °C Umluft vorheizen. Zwei Backbleche mit Backpapier auslegen. Teigstangen mit einem Sägemesser in etwa ½ cm dicke Quadrate schneiden, diese mit etwas Abstand zueinander auf die Bleche legen. Mit Sahne bestreichen und mit den beiseitegestellten gehobelten Haselnüssen bestreuen.

- Bleche in den Ofen auf die untere und mittlere Schiene schieben (Topfhandschuhe!) und die Plätzchen etwa 12 Minuten backen. Herausnehmen (Topfhandschuhe!), mit dem Backpapier auf Kuchengitter ziehen und abkühlen lassen.

Für ca. 60 Stück:

100 g gehobelte Haselnüsse
100 g gemahlene Walnüsse
150 g zarte Haferflocken
1 EL Weizenmehl (Type 405)
1 gestrichener TL Backpulver
150 g weiche Butter
150 g brauner Zucker
1 Ei (Größe M)
ca. 2 EL Sahne

Außerdem:

Mehl zum Formen

Zubereitung: ca. 45 Min.
+ mind. 3 Std. Kühlzeit
+ ca. 12 Min. Backzeit
+ ca. 1 Std. Abkühlzeit

Vanillestangen

Für 54 Stück:

Für den Knetteig:

175 g Weizenmehl (Type 405)
1 Päckchen Vanillepudding-pulver
80 g Zucker
2 Eigelb (Größe M)
125 g Butter
100 g blanchierte gemahlene Mandeln

Für die Deko:

50 g Puderzucker
1 Päckchen Vanillezucker

Außerdem:

Mehl für die Arbeitsfläche

Zubereitung: 30 Min.
+ 1 Std. Kühlzeit
+ ca. 10 Min. Backzeit
+ ca. 1 Std. Abkühlzeit

- Backofen auf 170 °C Umluft vorheizen. Zwei Backbleche mit Backpapier auslegen.

- Mehl und Puddingpulver in einer Schüssel mischen. Zucker, Eigelbe, Butter in kleinen Stücken, Mandeln und 1 EL kaltes Wasser hinzufügen. Alles mit den Knethaken des Handrührgeräts kurz auf niedrigster, dann auf höchster Stufe gut durcharbeiten. Anschließend auf der leicht bemehlten Arbeitsfläche mit den Händen rasch zu einem glatten Teig verkneten. Teig in Frischhaltefolie wickeln und 1 Stunde kühl stellen.

- Den Teig in 6 Portionen teilen. Jede Portion auf der leicht bemehlten Arbeitsfläche zu einer etwa 45 cm langen Rolle formen. Jede Rolle schräg in 9 etwa 5 cm lange Stangen schneiden. Stangen auf die Bleche legen.

- Bleche in den Ofen auf die untere und mittlere Schiene schieben (Topfhandschuhe!). Stangen etwa 10 Minuten goldgelb backen. Aus dem Ofen nehmen (Topfhandschuhe!) und die Stangen mit Backpapier auf Kuchengitter ziehen.

- Puderzucker und Vanillezucker mischen, Mischung in ein kleines Sieb geben und die noch heißen Stangen damit bestäuben. Stangen abkühlen lassen.

Mein Tipp: Mir gefallen die Vanillestangen am besten, wenn sie nur an einem Ende mit der Puderzuckermischung bestäubt sind.

Schicke Plätzchendeko

Sobald Weihnachten vor der Tür steht, kramen Conni und ihr kleiner Bruder die Plätzchenausstecher und die Teigrolle hervor und treten regelrecht zu einem Deko-Wettbewerb an: Wer hat die besten Ideen und wessen Plätzchen sind am schönsten? Mama und Papa Klawitter finden ja alle Jahre wieder: Das sieht alles super aus, egal wer's gemacht hat!

Schnelle Dekoideen

- Plätzchen vor dem Backen mit Eigelb bestreichen und mit gehackten oder gehobelten Mandeln bzw. Haselnüssen oder Zuckerstreudekor bestreuen.

- Fertige Plätzchen bis zur Hälfte in geschmolzene Kuvertüre tauchen und evtl. mit gerösteten, gehackten Nüssen bestreuen. Oder die Kuvertüre mithilfe eines Teelöffels kreuz und quer als feine Linien über die Plätzchen ziehen.

- Auf gebackene Plätzchen mit Zuckerschrift oder geschmolzener Schokolade Gesichter malen.

Honigkuchen-Nikoläuse

Für ca. 60 Stück • Zubereitung: 1 ½ Std. + ca. 10 Min. Backzeit

100 g Honig + 50 g brauner Zucker + 75 g Butter + 1 Ei (Größe M) + 1 ½ TL Lebkuchengewürz + 250 g Weizenmehl (Type 405) + 2 TL Backpulver + 1 EL Milch

Für die Deko: 100 g Marzipanrohmasse + rote Speisefarbe + 40 g Puderzucker + ca. 100 g Zuckerguss (Fertigprodukt) + einige Zuckerperlen

Außerdem: Mehl für die Arbeitsfläche + Stern-Ausstecher (5-zackig, ca. 4 ½ cm Ø) + runder Ausstecher (ca. 7 cm Ø) + 2 kleine Gefrierbeutel

- Honig, Zucker und Butter in einem Topf unter Rühren langsam schmelzen. In einer Schüssel abkühlen lassen. Ei trennen. Eiweiß und Lebkuchengewürz mit den Quirlen des Handrührgeräts unter die Honigmasse rühren. Mehl mit Backpulver mischen und unterarbeiten, am Ende von Hand unterkneten.

- Backofen auf 160 °C Umluft vorheizen. Zwei Backbleche mit Backpapier auslegen. Eigelb mit Milch verquirlen. Teig auf wenig Mehl ½ cm dick ausrollen. Sterne ausstechen, auf die Bleche legen, mit Eigelbmilch bestreichen. Im Ofen auf der unteren und mittleren Schiene 10 Minuten backen. Abkühlen lassen.

- Für die Deko Marzipan mit etwas Speisefarbe und Puderzucker verkneten. Zwischen Frischhaltefolie etwa 30 × 30 cm groß ausrollen. 15 Kreise ausstechen, diese jeweils vierteln. Je 1 Sternspitze mit etwas Zuckerguss bestreichen, je 1 Marzipanviertel (runde Seite nach unten) darumlegen. Spitze leicht seitwärts biegen. Die Hälfte des übrigen Gusses mit roter Speisefarbe färben. Weißen und roten Guss je in einen Gefrierbeutel füllen, jeweils eine kleine Beutelecke abschneiden. Die Nikoläuse mit Zuckerguss und Zuckerperlen verzieren.

Möhren-Lebkuchen

Für ca. 30 Stück · Zubereitung: ca. 45 Min. + 8 Std. Kühlzeit + 40 Min. Backzeit

5 Eier (Größe M) + 50 g Zucker + 4 g Hirschhornsalz + 250 g gemahlene Haselnüsse + je 50 g gewürfeltes Zitronat und Orangeat + 15 g Lebkuchengewürz + 125 g fein geraspelte Möhren + 100 g Weizenmehl (Type 405) + 100 g Weizenvollkornmehl + ca. 30 Oblaten (je 7 cm Ø) + ca. 5 getrocknete Soft-Aprikosen + Stern-Ausstecher (ca. 1 cm Ø) + 125 g dunkle Kuchenglasur + 100 g helle Kuchenglasur + ca. 200 g Haselnusskerne + 1 kleiner Gefrierbeutel

- In einer Rührschüssel Eier, Zucker und Hirschhornsalz mit den Quirlen des Handrührgeräts auf höchster Stufe schaumig rühren. Nüsse, Zitronat, Orangeat, Lebkuchengewürz, Möhren und Mehl unterrühren. Zugedeckt 8 Stunden kühl stellen.

- Backofen auf 200 °C (Umluft 180 °C) vorheizen. Zwei Backbleche mit Backpapier auslegen. Pro Oblate 1 gehäuften EL Teig mit einem in Wasser getauchten Messer kuppelförmig aufstreichen. Auf die Bleche legen. Im Ofen auf der mittleren Schiene je 20 Minuten backen. Auf einem Kuchengitter abkühlen lassen.

- Aus den Aprikosen 15 Sterne ausstechen. Je 100 g dunkle und helle Glasur nach Packungsanweisung schmelzen. Die Hälfte der Lebkuchen mit dunkler, den Rest mit heller Glasur bestreichen. Dunkle Lebkuchen sofort mit Nusskernen und Aprikosensternchen garnieren. Trocknen lassen. Restliche dunkle Glasur (25 g) schmelzen und in den Gefrierbeutel füllen. Eine kleine Ecke abschneiden und helle Lebkuchen mit Spiralen garnieren. Trocknen lassen.

Kartoffeldruck

Kartoffel halbieren, an der Schnittfläche mit einem kleinen Messer Kontur einer Möhre schnitzen. Mit grüner und orangener Farbe bepinseln und auf Geschenkanhänger drucken.

Essbarer Weihnachtsschmuck

Für ca. 24 Stück • Zubereitung: ca. 1 Std. + ca. 2 Std. Kühlzeit + ca. 10 Min. Backzeit

250 g Weizenmehl (Type 405) + 100 g gemahlene Haselnüsse + ½ TL Zimtpulver + 100 g Zucker + Salz + 200 g Butter + 2 Eier (Größe S) + 4 EL Milch

Außerdem: Mehl für die Arbeitsfläche + Motiv-Ausstecher (ca. 7 cm Ø) + Lochtülle (ca. ½ cm Ø) + ca. 200 g gemischte Trockenfrüchte und Nüsse (z. B. Belegkirschen, Mandeln, Pistazien, gehackte Nüsse)

- Mehl, Haselnüsse, Zimt, Zucker, 1 Prise Salz, Butter in Stückchen und 1 aufgeschlagenes Ei in einer Schüssel mit den Knethaken des Handrührgeräts gut durcharbeiten. Dann auf der leicht bemehlten Arbeitsfläche mit den Händen glatt verkneten. Teig in Frischhaltefolie gewickelt etwa 2 Stunden kühl stellen.

- Backofen auf 160 °C Umluft vorheizen. Zwei Backbleche mit Backpapier auslegen. Teig kurz durchkneten und mit wenig Mehl etwa ½ cm dick ausrollen. Mit den Ausstechformen Plätzchen ausstechen, mit der Lochtülle je ein Loch zum Aufhängen ausstechen. Teigreste wieder zusammenkneten, erneut ausrollen und ausstechen, bis der Teig aufgebraucht ist. Plätzchen auf die Bleche legen.

- Zum Garnieren übriges Ei mit Milch verquirlen. Plätzchen mit Eimilch bestreichen, mit Belegkirschen, Mandeln (evtl. längs halbiert), Pistazien und Haselnusskernen dekorieren. Deko jeweils leicht andrücken. Plätzchen im Ofen auf der unteren und mittleren Schiene etwa 10 Minuten backen. Mit dem Backpapier auf Kuchengitter ziehen und abkühlen lassen.

Zum Aufhängen …

… musst du durch das Loch nur noch ein beliebiges Band ziehen und die Plätzchen damit irgendwo festbinden. Und dann? Beim kleinen Hunger zwischendurch einfach mal anknabbern!

Ausstechkekse mit Prickelguss

Für ca. 45 Stück:

150 g Weizenmehl (Type 405) + 1 Msp. Backpulver
50 g Zucker
1 Päckchen Vanillezucker
100 g Butter
100 g Puderzucker
3 Päckchen Brausepulver (z. B. Himbeer- oder Waldmeistergeschmack, für je 200 ml Wasser)
ca. 2 EL Zitronensaft
evtl. Speisefarbe

Außerdem:

Mehl für die Arbeitsfläche
beliebige Ausstecher
1 Gefrierbeutel

Zubereitung: 30 Min.
+ ca. 1 Std. Kühlzeit
+ ca. 12 Min. Backzeit
+ ca. 1 Std. Abkühlzeit

- Backofen auf 160 °C Umluft vorheizen. Zwei Backbleche mit Backpapier auslegen. Mehl mit Backpulver in einer Schüssel mischen. Zucker, Vanillezucker und Butter in Stücken hinzufügen, alles mit den Knethaken des Handrührgeräts kurz auf niedrigster, dann auf höchster Stufe gut durcharbeiten. Anschließend auf der leicht bemehlten Arbeitsfläche mit den Händen rasch zu einem glatten Teig verkneten. Teig in Frischhaltefolie wickeln, etwa 1 Stunde kühl stellen.

- Teig auf der leicht bemehlten Arbeitsfläche etwa ½ cm dick ausrollen. Mit den Ausstechern Plätzchen ausstechen und diese auf die Bleche legen. Dabei Teigreste immer wieder zusammenkneten, erneut ausrollen und ausstechen.

- Bleche in den Ofen auf die untere und mittlere Schiene schieben (Topfhandschuhe!) und die Kekse etwa 12 Minuten goldgelb backen. Herausnehmen (Topfhandschuhe!) und Plätzchen mit Backpapier auf Kuchengitter ziehen. Abkühlen lassen.

- Puderzucker, 2 Päckchen Brausepulver, Zitronensaft und nach Belieben etwas Speisefarbe verrühren. Guss in einen Gefrierbeutel füllen, Beutel verschließen und eine kleine Ecke abschneiden. Guss auf die Kekse spritzen und mit einem Pinsel verstreichen. Mit übrigem Brausepulver bestreuen. Trocknen lassen.

Himbeerherzen
à la Conni

Für ca. 35 Stück:

150 g Weizenmehl (Type 405)
50 g Puderzucker
1 Päckchen Vanillezucker
Salz
1 Msp. abgeriebene Bio-Zitronenschale
100 g weiche Butter
1 Eigelb (Größe S)
100 g Himbeerkonfitüre

Außerdem:

Mehl für die Arbeitsfläche
2 Herz-Ausstecher (5 und 3 cm Ø; oder andere Größen mit mind. 1 cm Unterschied)
Puderzucker zum Bestäuben

Zubereitung: 1 Std.
\+ mind. 1 Std. Kühlzeit
\+ 8–10 Min. Backzeit
\+ ca. 1 Std. Abühlzeit

- Mehl, Puderzucker, Vanillezucker, 1 Prise Salz und Zitronenschale in einer Schüssel mischen. Butter und Eigelb dazugeben und alles mit den Händen rasch zu einem glatten Teig verkneten. Teig in Frischhaltefolie wickeln und mindestens 1 Stunde kühl stellen.

- Ein Backblech mit Backpapier auslegen. Backofen auf 190 °C (Umluft 170 °C) vorheizen. Teig auf der leicht bemehlten Arbeitsfläche etwa 3 mm dick ausrollen und mit dem großen Ausstecher Herzen ausstechen. Aus der Hälfte der Plätzchen in der Mitte ein kleines Herz ausstechen.

- Blech in den Ofen auf die mittlere Schiene schieben (Topfhandschuhe!) und die Plätzchen 8 bis 10 Minuten goldgelb backen.

- Aus dem Ofen nehmen und die Plätzchen mit dem Backpapier auf ein Kuchengitter ziehen (Topfhandschuhe!). Plätzchen mit dem Loch in der Mitte noch heiß mit Puderzucker bestäuben. Alle Plätzchen abkühlen lassen.

- Konfitüre glatt rühren und je 1 TL auf die Plätzchen ohne Herz geben. Bestäubte Plätzchen nochmals leicht mit Puderzucker bestäuben und auf die Herzen mit der Konfitüre setzen.

Shortbread-Scheiben

Für ca. 50 Stück:

300 g Weizenmehl (Type 405)
30 g Hartweizengrieß
100 g Zucker
1 Päckchen Vanillezucker
2 Eigelb (Größe M)
200 g weiche Butter

Außerdem:

Mehl für die Arbeitsfläche
2 EL Zucker zum Wälzen

Zubereitung: ca. 40 Min.
+ 12–15 Min. Backzeit
+ mind. 3 Std Kühlzeit
+ ca. 1 Std. Abkühlzeit

1. Mehl und Grieß mischen. Zucker, Vanillezucker, Eigelbe, Butter und 2 EL kaltes Wasser hinzufügen. Alles mit den Knethaken des Handrührgeräts kurz auf niedrigster, dann auf höchster Stufe durcharbeiten.

2. Anschließend alles auf der leicht bemehlten Arbeitsfläche kurz mit den Händen zu einem glatten Teig verkneten. Den Teig halbieren und jedes Stück zu einer etwa 25 cm langen Rolle formen.

3. Die Teigrollen auf einem Schneidbrett mit Frischhaltefolie abdecken oder rundum in diese einwickeln und mindestens 3 Stunden in den Kühlschrank stellen, am besten jedoch über Nacht.

4. Backofen auf 160 °C Umluft vorheizen. Zucker zum Wälzen als länglichen Streifen auf einen Bogen Backpapier streuen. Teigrollen mit Wasser bestreichen und im Zucker wälzen.

5. Zwei Backbleche mit Backpapier auslegen. Teigrollen mit einem Sägemesser in etwa 1 cm dicke Scheiben schneiden. Diese mit etwas Abstand auf die Bleche legen und mehrfach mit einer Gabel einstechen.

6. In den Ofen auf die untere und mittlere Schiene schieben (Topfhandschuhe!) und 12 bis 15 Minuten backen. Herausnehmen (Topfhandschuhe!), mit Backpapier auf Kuchengitter ziehen und abkühlen lassen.

Rentier-Lebkuchen

Für ca. 60 Stück:

Für den Teig:

125 g brauner Zucker
100 g heller Zuckerrübensirup
2–3 EL Lebkuchengewürz
125 g weiche Butter
375 g Weizenmehl (Type 405)
15 g Kakaopulver (gesiebt)
½ TL Natron
1 Ei (Größe M)

Für die Deko:

weiße und dunkle Zuckerschrift
ca. 60 rote Mini-Schokolinsen (oder Zuckerperlen)

Außerdem:

Mehl für die Arbeitsfläche

Zubereitung: 35 Min.
+ 24–28 Min. Backzeit
+ mind. 1 Std. Abkühlzeit

- Für den Teig Zucker, Sirup und Lebkuchengewürz in einem kleinen Topf unter Rühren erwärmen, bis sich der Zucker gelöst hat. Butter in Stücken unterrühren. Zuckermasse in eine Rührschüssel füllen und handwarm abkühlen lassen.

- Backofen auf 200 °C (Umluft 180 °C) vorheizen. Zwei Backbleche mit Backpapier auslegen und dünn mit Mehl bestäuben. Mehl, Kakao und Natron mischen. Ei mit den Quirlen des Handrührgeräts unter die Zuckermasse rühren. Mehlmischung hinzufügen und alles mit den Knethaken des Handrührgeräts zu einem glatten Teig verkneten, der nicht mehr klebt. Teig halbieren.

- Eine Teigportion kurz durchkneten, auf wenig Mehl etwas ausrollen, dann auf einem Blech zu einem etwa ½ cm dicken Rechteck ausrollen. Mit einem Messer in etwa 8 × 5 cm kleine Rechtecke schneiden und diese etwas auseinanderlegen. In den Ofen auf die untere Schiene schieben (Topfhandschuhe!) und 12 bis 14 Minuten backen. Inzwischen die zweite Teigportion ausrollen und schneiden.

- Aus dem Ofen nehmen und die Lebkuchen mit Backpapier auf ein Kuchengitter ziehen. Falls die Lebkuchen etwas zusammengebacken sind, sofort nochmals nachschneiden. Zweites Blech in den Ofen schieben und ebenso backen. Mit Zuckerschrift Geweihe und Augen auf die Lebkuchen zeichnen. Für die Nasen je 1 Tupfen Zuckerschrift aufbringen und 1 Schokolinse daraufsetzen.

Mit Pizza aus der eigenen Backstube schmeckt das Abendessen gleich noch mal so gut. Jede Wette: Wer da am Tisch sitzt, lässt nichts übrig!

Brot, Brötchen & Herzhaftes

Power-Milchbrötchen

Für 14 Stück:

Für die Power-Mischung:

50 g getrocknete Datteln
50 g getrocknete Feigen
20 g getrocknete Cranberrys
20 g Pinienkerne

Für den Hefeteig:

110 ml Milch + 1 EL Zucker
1 Päckchen Vanillezucker
¼ Würfel Hefe (10 g)
250 g Weizenmehl (Type 405)
¼ TL Salz + 1 Eigelb (Größe M)
75 g sehr weiche Butter

Außerdem:

Mehl für die Arbeitsfläche
Milch zum Bestreichen
Hagelzucker zum Bestreuen

Zubereitung: 30 Min.
+ ca. 1½ Std. Gehzeit
+ ca. 20 Min. Backzeit
+ ca. 1 Std. Abkühlzeit

- Für die Power-Mischung Datteln, Feigen, Cranberrys und Pinienkerne in sehr kleine Stücke hacken, am besten in einem Multizerkleinerer (Erwachsene!).

- Für den Hefeteig Milch, Zucker und Vanillezucker in einem Topf verrühren und lauwarm erhitzen. Hefe unterrühren, bis sie sich aufgelöst hat. Mehl und Salz in einer Schüssel mischen. Eigelb, Butter und Milchmischung dazugeben und alles etwa 5 Minuten zu einem glatten Teig verkneten, der sich von der Schüssel löst. Power-Mischung unterkneten. Teig zugedeckt an einem warmen Ort etwa 1 Stunde gehen lassen, bis er doppelt so groß geworden ist.

- Ein Backblech mit Backpapier auslegen. Teig auf der bemehlten Arbeitsfläche nochmals durchkneten und in 14 gleich große Portionen teilen. Jede Teigportion zu einer Kugeln formen und diese auf das Blech legen. Teigkugeln mit Milch bestreichen, mit Hagelzucker bestreuen und zugedeckt an einem warmen Ort nochmals etwa 30 Minuten gehen lassen.

- Inzwischen Backofen auf 180 °C (Umluft 160 °C) vorheizen. Brötchen mit einem Messer an der Oberfläche einmal etwa 1 cm tief einschneiden. In den Ofen auf die mittlere Schiene schieben (Topfhandschuhe!) und etwa 20 Minuten goldbraun backen.

- Blech aus dem Ofen nehmen (Topfhandschuhe!). Brötchen mit einem Pfannenwender auf ein Kuchengitter heben und abkühlen lassen.

Mein Tipp: Hefeteig kann auch im Kalten gehen. Teig dafür zugedeckt 3 bis 4 Stunden in den Kühlschrank stellen.

Schnelle Brötchen

1. Mehl mit Backpulver mischen. Quark, Milch, Öl, Zucker, 1 Prise Salz dazugeben, alles mit den Händen glatt verkneten. Teig zur Rolle formen, in 12 Scheiben schneiden, diese mit wenig Mehl zu Brötchen formen.

2. Sonnenblumenkerne auf einen Teller geben. Ei mit Milch verquirlen. Brötchen auf der Unterseite mit Eimilch bestreichen und mit der Unterseite in die Sonnenblumenkerne drücken.

3. Backofen auf 200 °C (Umluft 180 °C) vorheizen. Ein Backblech mit Backpapier auslegen. Brötchen mit der Kernseite nach unten mit etwas Abstand zueinander auf das Blech setzen.

4. Brötchen mit restlicher Eimilch bestreichen und mit übrigen Sonnenblumenkernen bestreuen. Blech in den Ofen auf die mittlere Schiene schieben (Topfhandschuhe!).

Für 12 Stück:

300 g Weizenmehl (Type 550)
1 Päckchen Backpulver
150 g Magerquark
100 ml Milch
100 ml Öl
80 g Zucker
Salz

Außerdem:

Mehl zum Formen
100 g Sonnenblumenkerne
1 Ei (Größe M) + 1 EL Milch

Zubereitung: ca. 45 Min.
+ ca. 20 Min. Backzeit
+ ca. 1 Std. Abkühlzeit

5. Brötchen etwa 20 Minuten backen. Blech aus dem Ofen nehmen (Topfhandschuhe!). Brötchen mit einem Pfannenwender auf ein Kuchengitter heben und abkühlen lassen.

Schnelles Vollkorn-Nuss-Brot

Für 1 Brot (ca. 16 Scheiben):

150 g Haselnusskerne
1 Würfel Hefe (42 g)
500 g Dinkelvollkornmehl
2 leicht gehäufte TL Salz
2 EL Apfelessig

Außerdem:

Kastenform (25 cm lang)
Butter und Mehl für die Form

Zubereitung: 10 Min.
+ ca. 35 Min. Backzeit
+ ca. 3 Std. Abkühlzeit

- Backofen auf 225 °C (Umluft 200 °C) vorheizen. Form einfetten und mit Mehl ausstäuben. Nüsse grob hacken. Hefe mit ½ l lauwarmem Wasser verrühren, bis sie sich aufgelöst hat. Mehl und Salz in einer Schüssel mischen.

- Hefewasser, Essig und Nüsse zur Mehlmischung geben und alles mit den Knethaken des Handrührgeräts etwa 3 Minuten zu einem ziemlich weichen Teig verkneten. Teig sofort in die Form füllen.

- Form in den Ofen auf die mittlere Schiene schieben (Topfhandschuhe!) und das Brot etwa 35 Minuten backen. Ofen ausschalten und das Brot noch etwa 5 Minuten darin ruhen lassen.

- Herausnehmen (Topfhandschuhe!). Brot mit einem Messer vom Formrand lösen und stürzen. Umdrehen und auf einem Kuchengitter abkühlen lassen.

Mein Tipp: Schneide das Brot in Scheiben und friere es ein – wenn du dann mal Lust darauf hast, kannst du diese ratzfatz im Toaster aufbacken!

Kernige Knäcke-Kräcker

1. Dinkelvollkornmehl mit Sonnenblumenkernen, Sesamsamen, Leinsamen, Salz, Paprikapulver und – wer es gern etwas scharf mag – dem Chilipulver sorgfältig in einer Schüssel vermischen.

2. Butter in der Gemüsebrühe zerlassen. Brühemischung zur Mehlmischung geben. Alles mit den Knethaken des Handrührgeräts glatt verkneten. Backofen auf 200 °C (Umluft 180 °C) vorheizen.

3. Ein Backblech mit Backpapier auslegen. Teig auf der leicht bemehlten Arbeitsfläche kurz durchkneten, auf dem Blech dünn ausrollen und mit einer Gabel mehrfach einstechen.

4. Die Teigplatte mit einem Messer in etwa 5 cm große Quadrate schneiden (Erwachsene!). Blech in den Ofen auf die mittlere Schiene schieben (Topfhandschuhe!) und den Teig etwa 20 Minuten backen.

5. Blech aus dem Ofen nehmen (Topfhandschuhe!). Knäcke-Kräcker mit dem Backpapier auf ein Kuchengitter ziehen und abkühlen lassen. Die kalten Kräcker auseinanderbrechen.

Connis Tipp: Ich liebe die Kräcker pur, mit Kräuterquark oder Joghurtdip. Als Knabbervorrat packe ich sie in eine luftdicht schließende Dose, dort bleiben sie etwa 3 Wochen knusprig.

Für ca. 48 Stück:

Für den Teig:

300 g Dinkelvollkornmehl
2 EL Sonnenblumenkerne
2 EL Sesamsamen
2 EL Leinsamen
1 TL Salz
1 TL edelsüßes Paprikapulver
1 Msp. Chilipulver (wer es scharf mag)
80 g weiche Butter
125 ml lauwarme Gemüsebrühe

Außerdem:

Mehl für die Arbeitsfläche

Zubereitung: ca. 15 Min.
+ ca. 20 Min. Backzeit
+ ca. 45 Min. Abkühlzeit

Partyhunger

Weit und breit kein Kindergeburtstag, keine Faschingsparty oder kein Halloweenfest in Sicht? Dann mach es wie Conni und lade die Rasselbande einfach mal ganz ohne Grund zum Spielenachmittag oder zur Party ein. Die Zubereitung der Verpflegung könnt ihr gleich mit als Programmpunkt aufnehmen, dann schmeckt es allen hinterher gleich noch mal so gut!

Wann gibt es was zu tun?

- **Am Tag vorher:** Partybrötchen mit Frischkäse backen (wenn die Party an einem kindergarten- oder schulfreien Tag stattfindet, besser am selben Morgen – ganz frisch schmecken die Brötchen noch besser).

- **Am Tag der Party:** zusammen mit den Partygästen erst die Käsestangen und/oder Käsefüße backen. Anschließend das Popcorn zubereiten. Die Partybrötchen evtl. nochmals kurz im Backofen aufbacken.

Partybrötchen mit Frischkäse

Für 12 Stück • Zubereitung: 45 Min. + ca. 50 Min. Ruhezeit + ca. 20 Min. Backzeit

Für den Teig: ½ Würfel Hefe (21 g) + ½ TL Zucker + 500 g Weizenmehl (Type 550; plus Mehl zum Bearbeiten) + 1 TL Salz + 150 g Doppelrahmfrischkäse mit Kräutern

- Hefe, Zucker und 250 ml lauwarmes Wasser in einer Schüssel verrühren. Mit Mehl, Salz und Frischkäse 5 Minuten verkneten. Teig zugedeckt an einem warmen Ort etwa 30 Minuten gehen lassen, bis er sich sichtbar vergrößert hat.

- Backblech mit Backpapier auslegen. Teig durchkneten, in 12 gleich große Stücke teilen und zu Brötchen formen. Diese als Kranz auf das Blech legen. Mit Mehl bestäuben und zugedeckt etwa 20 Minuten gehen lassen. Backofen auf 220 °C (Umluft 200 °C) vorheizen.

- Brötchen mit Wasser bepinseln und an der Oberfläche einmal mit einem Messer einschneiden. In den Ofen auf die mittlere Schiene schieben (Topfhandschuhe!) und etwa 20 Minuten goldbraun backen. Blech aus dem Ofen nehmen (Topfhandschuhe!). Kranz auf einem Kuchengitter abkühlen lassen.

Varianten

- Wer gern besonders viele Kräuter in den Brötchen mag, knetet zusätzlich noch 1 bis 2 TL getrocknete Kräuter der Provence unter.

- Die Brötchen schmecken am besten mit einem herzhaften Belag, z. B. einem Pestofrischkäse. Dafür 200 g Doppelrahmfrischkäse mit 2 EL Basilikumpesto verrühren, mit Salz und Pfeffer würzen.

Popcorn à la Conni

Wer sagt denn, dass Popcorn nur im Kino und mit Salz oder Zucker schmeckt? Conni lässt die kleinen Popcorn-Maiskörner auch gern mal zu Hause im Topf knallen und hat dann stets auch immer wieder neue Ideen fürs Würzen. Für euch hat sie jeweils einen ihrer süßen und herzhaften Favoriten herausgesucht – unbedingt probieren!

Grundrezept Popcorn

Das Öl in einem weiten Topf stark erhitzen. Den Mais auf dem Topfboden verteilen (er sollte nicht übereinanderliegen!) und den Topfdeckel auflegen. Sobald die Maiskörner aufplatzen, hörst du laute Popp-Geräusche und das Knallen gegen den Deckel. Dann heißt es nur noch: Hitze runter und warten, bis nichts mehr zu hören ist!

- Für 4 Portionen Popcorn 4 EL Popcorn-Mais und 4 EL hoch erhitzbares Öl, z. B. Kokosöl, bereitstellen.

- **Würzig:** Unters Popcorn je ½ TL Paprikapulver (edelsüß, scharf, geräuchert) und Salz mischen.

- **Süß:** Sobald es poppt, Topf vom Herd nehmen, den Deckel anheben und 4 EL Zucker auf den Mais streuen. Deckel schließen, Mais auf dem Herd fertig poppen lassen. Auf Backpapier mit 4 EL Kokosraspeln mischen. Wer mag, mit 100 g geschmolzener Schokolade beträufeln.

Käsestangen

Für ca. 10 Stück • Zubereitung: 15 Min. + Backzeit: ca. 15 Min.

1 Packung Blätterteig (ca. 275 g, rechteckig ausgerollt; aus dem Kühlregal) + 80 g geriebener Emmentaler + ½ TL edelsüßes Paprikapulver + 1 Eigelb + 1 EL Milch

- Ein Backblech mit Backpapier belegen. Backofen auf 200 °C (Umluft 180 °C) vorheizen. Teig auf der Arbeitsfläche ausbreiten. Käse mit Paprika mischen. Eigelb mit Milch verquirlen. Teigplatte mit etwas Eigelbmilch bestreichen. Die Hälfte der Käsemasse auf einer Teighälfte (etwa 20 × 20 cm) verteilen. Zweite Teighälfte darüberklappen und andrücken.

- Teigplatte mit einem Messer in etwa 2 cm breite Streifen schneiden, diese spiralförmig 3- bis 4-mal verdrehen. Auf das Blech legen. Spiralen mit restlicher Eigelbmilch bestreichen, in den Ofen auf die mittlere Schiene schieben (Topfhandschuhe!) und etwa 15 Minuten goldbraun backen. Mit einem Pfannenwender auf ein Kuchengitter heben und abkühlen lassen.

Käsefüße, Käsehände? Alles Käse!

- Backofen auf 220 °C (Umluft 200 °C) vorheizen. Aus fertigem Pizza-, Quiche- oder Blätterteig aus dem Kühlregal mit einem Ausstecher Füße (oder Hände) ausstechen. Auf ein mit Backpapier ausgelegtes Backblech legen, mit saurer Sahne bestreichen und mit geriebenem Käse sowie Schnittlauchröllchen bestreuen. Im Ofen auf der mittleren Schiene 10 bis 12 Minuten backen.

Gefüllte Teigtaschen

Für 12 Stück:

1 Zwiebel
1 große Tomate
1 EL Olivenöl
300 g gemischtes Hackfleisch
1 Päckchen TK-Suppengrün (25 g)
Salz + Pfeffer
450 g TK-Blätterteig
(6 rechteckige Platten; nach Packungsanweisung aufgetaut)
1 Ei (Größe M)
1 Eigelb (Größe M) + 2 EL Milch

Außerdem:

Mehl für die Arbeitsfläche

Zubereitung: ca. 35 Min.
+ ca. 20 Min. Backzeit
+ ca. 30 Min. Abkühlzeit

1. Zwiebel schälen. Tomate waschen, halbieren, entkernen. Beides in feine Würfel schneiden. Öl in einer Pfanne erhitzen. Zwiebel andünsten. Fleisch bei mittlerer Hitze unter Rühren 5 Minuten mitbraten.

2. Suppengrün und Tomate kurz miterhitzen. Mit Salz und Pfeffer würzen. Vom Herd nehmen und etwa 30 Minuten abkühlen lassen. Blätterteigplatten mit einem Messer quer halbieren (Erwachsene!).

3. Teighälften auf wenig Mehl zu Quadraten (je etwa 14 × 14 cm) ausrollen. Teigquadrate etwa 15 Minuten ruhen lassen. Zwei Backbleche mit Backpapier auslegen. Backofen auf 180 °C Umluft vorheizen.

4. Ei unter die Hackmasse rühren. Eigelb mit Milch verquirlen. Teigränder mit Eigelbmilch bestreichen. Je 1 gehäuften EL Füllung auf eine Teigquadratecke geben, ungefüllten Teig diagonal darüberklappen.

5. Teigränder mit einer Gabel festdrücken. Teigtaschen auf die Bleche legen und mit restlicher Eigelbmilch bestreichen. In den Ofen auf die untere und mittlere Schiene schieben (Topfhandschuhe!).

6. Teigtaschen etwa 20 Minuten goldgelb backen. Blech aus dem Ofen nehmen (Topfhandschuhe!). Teigtaschen mit einem Pfannenwender auf ein Kuchengitter heben und lauwarm oder vollständig abkühlen lassen.

Gemüsekuchen

1. Für den Belag Lauch einschneiden, waschen, in feine Streifen schneiden. Zucchini waschen, klein würfeln. Öl in einem Topf erhitzen, Gemüse bei schwacher Hitze zugedeckt 5 Minuten dünsten. Abkühlen lassen.

2. Für den Teig Mehl, Backpulver, Quark, 50 ml kaltes Wasser, Öl, Zucker und Salz in einer Schüssel zügig glatt verkneten. Teig zur Kugel formen und diese auf wenig Mehl zu einem Kreis (etwa 32 cm Ø) ausrollen.

3. Teig von vier Seiten zur Mitte falten. Form einfetten, Teig hineinlegen und auseinanderfalten. Rand andrücken, Boden mehrmals mit einer Gabel einstechen. Backofen auf 200 °C (Umluft 180 °C) vorheizen.

4. Gemüse mit Salz und Pfeffer würzen und auf dem Teig verteilen. Für den Guss Eier, Milch, Crème fraîche, 1 TL Salz und 1 Prise Pfeffer verquirlen. Guss auf das Gemüse gießen.

5. Tomaten waschen, halbieren. Hälften mit den Schnittflächen nach oben auf dem Kuchen verteilen. Form in den Ofen auf die mittlere Schiene schieben (Topfhandschuhe!). Kuchen etwa 30 Minuten backen.

6. Form aus dem Ofen nehmen (Topfhandschuhe!) und den Kuchen darin auf einem Kuchengitter 5 bis 10 Minuten abkühlen lassen. Aus der Form lösen, mit Petersilie bestreuen und warm servieren.

Für 1 Kuchen (8 Stücke):

Für den Belag:

200 g Lauch + 300 g Zucchini
2 EL Olivenöl
Salz + Pfeffer
150 g Cocktailtomaten
1 EL gehackte Petersilie

Für den Quark-Öl-Teig:

200 g Weizenmehl (Type 550)
3 gestrichene TL Backpulver
100 g Magerquark
3 EL Olivenöl
1 TL Zucker + 1 gestrichener TL Salz

Für den Guss:

2 Eier (Größe M) + 4 EL Milch
150 g Crème fraîche + Salz + Pfeffer

Außerdem:

Mehl für die Arbeitsfläche
Tarte- oder Quicheform (26 cm Ø)
Butter für die Form

Zubereitung: ca. 45 Min.
+ ca. 30 Min. Backzeit
+ ca. 15 Min. Abkühlzeit

Kartoffelflammkuchen
mit Schinken

Für 4 Portionen:
500 g kleine festkochende Kartoffeln + 2 EL Öl
100 g roher Schinken
2 Packungen Flammkuchenteig (je 260 g; aus dem Kühlregal)
300 g Schmand
2 TL getrockneter Majoran
Salz + Pfeffer
2 TL getrockneter Rosmarin

Zubereitung: ca. 15 Min. + ca. 30 Min. Backzeit

- Backofen auf 220 °C vorheizen. Kartoffeln schälen, waschen und mit dem Gemüsehobel in etwa 2 mm dünne Scheiben schneiden. In einer Schüssel mit dem Öl mischen. Schinken in kleine Würfel schneiden.

- 1 Packung Flammkuchenteig samt Backpapier auf einem Backblech entrollen. Mit der Hälfte des Schmands bestreichen, dabei 1 kleinen Rand frei lassen, und mit 1 TL Majoran bestreuen. Die Hälfte der Kartoffeln dicht nebeneinander darauf verteilen. Mit Salz, Pfeffer und 1 TL Rosmarin würzen.

- Flammkuchen in den Ofen auf die unterste Schiene schieben (Topfhandschuhe!) und 10 Minuten backen. Dann die Hälfte der Schinkenwürfel darauf verteilen und den Flammkuchen in etwa 5 Minuten knusprig fertig backen. Zweite Packung Teig auf einem zweiten Blech entrollen, mit den restlichen Zutaten ebenso belegen und anschließend backen.

Mein Tipp: Wenn es schneller gehen soll, lasse ich die Kartoffeln weg. Dann bestreiche ich den Flammkuchen mit Schmand, streue Schinken und 4 in Ringe geschnittene Frühlingszwiebeln darauf.

Das findet Conni besonders toll:

BILDNACHWEIS

Barbara Bonisolli: 16, 111; Walter Cimbal: 26, 48, 69; Eising Studio/Food Photo & Video: 14–15, 21, 24–25, 31, 36–39, 42–44, 57–59, 61, 65, 70, 72–73, 76–77, 83, 94, 95 unten, 96, 102, 108-109, 116–117, 120–121, 125 oben, 126–129; Fotostudio Diercks (Thomas Diercks, Kai Boxhammer, Christiane Krüger): 29, 51, 67, 84, 99, 101; Julia Hoersch: 20, 35, 68, 88, 93, 125 unten, 130; Coco Lang: 124 links und rechts; Mathias Neubauer: 123 unten; Antje Plewinski: 22, 62, 95 unten, 123 oben; Anke Politt: 11, 52, 103; Wolfgang Schardt: 87; Anke Schütz: 47, 74, 78, 90, 106, 115; Brigitte Sporrer: 12, 41, 118; StockFood: Dorota Indycka 124 Mitte, Hugo Monteros 19, The Picture Pantry 89; Winkler Studios: 105

CONNI KLAWITTER

lebt mit ihrer Familie und ihrem Kater Mau in einer kleinen Stadt. Sie trägt am liebsten Pullover oder T-Shirts mit rot-weißen Ringelstreifen.
Das Backen zusammen mit Mama und Papa oder auch schon ab und zu mit ihren Freunden ist eine ihrer Lieblingsbeschäftigungen.

© 2018 ZS Verlag GmbH
Kaiserstraße 14 b
D-80801 München

ISBN 978-3-89883-823-8
3. Auflage 2020

Projektleitung: Alexandra Gudzent
Rezepte: ZS-Team
Lektorat & Texte: Karin Kerber
Grafische Gestaltung: Irene Schulz
Herstellung: Frank Jansen
Producing: Jan Russok
Conni™: Carlsen Verlag GmbH, Hamburg
Illustration: E. Wenzel-Bürger/J. Görrissen
Agentur: WDR mediagroup GmbH
Druck & Bindung: optimal media GmbH, Röbel

Kurze Wege schonen die Umwelt
Dieses Buch wurde in Deutschland gedruckt

Die ZS Verlag GmbH ist ein Unternehmen
der Edel SE & Co. KGaA, Hamburg.
www.zsverlag.de | www.facebook.com/zsverlag

Alle Rechte vorbehalten. All rights reserved.
Das Werk darf – auch teilweise – nur mit Genehmigung des Verlags wiedergegeben werden.

Auf den Geschmack gekommen?

An die Kochlöffel, fertig, los: Conni hilft nicht nur beim Backen – auch beim Kochen bringt sie Spaß in die Familienküche.

Das Conni-Kochbuch
€ [D] 14,99
ISBN 978-3-89883-753-8

Gleich weiterkochen!

Jetzt überall,
wo es gute Bücher gibt.